本书系湖南省哲学社会科学基金项目"慈善组织公信力的社会机制及其优化研究"（22YBA088）的阶段性成果，并获得长沙理工大学学术著作出版资助

慈善组织发展的制度环境研究

高小枚 ○ 著

中国社会科学出版社

图书在版编目（CIP）数据

慈善组织发展的制度环境研究/高小枚著 . —北京：
中国社会科学出版社，2024.4
ISBN 978 - 7 - 5227 - 3080 - 6

Ⅰ.①慈…　Ⅱ.①高…　Ⅲ.①慈善事业—研究—
中国　Ⅳ.①D632.1

中国国家版本馆 CIP 数据核字 (2024) 第 037577 号

出 版 人	赵剑英
责任编辑	杨晓芳
责任校对	季　静
责任印制	王　超

出　　　版	中国社会科学出版社
社　　　址	北京鼓楼西大街甲 158 号
邮　　　编	100720
网　　　址	http://www.csspw.cn
发 行 部	010 - 84083685
门 市 部	010 - 84029450
经　　　销	新华书店及其他书店

印刷装订	三河市华骏印务包装有限公司
版　　　次	2024 年 4 月第 1 版
印　　　次	2024 年 4 月第 1 次印刷

开　　　本	710×1000　1/16
印　　　张	16
插　　　页	2
字　　　数	202 千字
定　　　价	79.00 元

前　　言

　　2019 年 10 月，党的十九届四中全会通过的《中共中央关于坚持和完善中国特色社会主义制度推进国家治理体系和治理能力现代化若干重大问题的决定》指出："重视发挥第三次分配作用，发展慈善等社会公益事业。"2020 年 10 月 29 日，党的十九届五中全会报告提出，"发挥第三次分配作用，发展慈善事业，改善收入和财富分配格局"。2022 年 10 月 16 日，党的二十大报告再次强调："引导、支持有意愿有能力的企业、社会组织和个人积极参与公益慈善事业。"慈善事业是我国社会福利制度的重要组成部分，也是参与国家资源第三次分配的重要主体之一。由于制度环境是影响慈善组织发展的决定性因素，因此，要激发慈善组织活力，促进慈善组织的健康持续发展，就必须加强制度环境建设。可以说，开展慈善组织发展的制度环境问题研究，是一个极具开拓价值的重要研究领域。

　　开展慈善组织发展的制度环境问题研究，具有十分重要的理论与实践意义。从理论意义来看，本书试图探讨正式制度环境、非正式制度环境对慈善组织发展的影响，对正式制度环境、非正式制度环境与慈善组织发展的关系进行有效的经验解释，构建慈善组织发展研究的制度框架。这既可以检视西方制度主义理论在中国的适用范围，又可以超越以往关于社会组织的单纯正式制度研究惯习，有助于开辟社会组织发展研究的新领域，丰富组织社会学研究的理论宝库。从实践意义来看，本书在实证研究的基础上将构建一套促进慈善组织发展的制度环境建设对策方案。这就可以为政府有关部门制定促进慈善组织发展的政策提供具有较强操作性的咨询依据，从而有助于从制度层面推动我国慈善组织的高质量发展，使慈善组织以更为积极的形态在新时代社会治理中发挥应有的作用，从而推进国家治理体系与治理能力现代化。

本书以政府—非营利组织关系理论、"志愿失灵"理论、资源依赖理论、新制度主义理论与文化制约理论为理论基础，运用问卷调查法，辅之以个案研究方法，对上海市、湖南省和云南省慈善组织的发展状况进行了客观分析，探讨了正式制度环境、非正式制度环境对慈善组织发展的影响，并在此基础上构建了一套促进慈善组织发展的制度环境建设对策方案，为政府有关部门制定促进慈善组织发展的政策提供理论支撑和经验数据。

本书在对慈善组织、制度、制度环境等核心概念进行科学界定的基础上，把自变量——"制度环境"操作化为正式制度和非正式制度两个主要维度，把因变量——"慈善组织发展"操作化为社会认同度、资源获取能力和参与公共服务的积极性三个主要维度。本书基于以下两个假设展开。第一，正式制度对慈善组织的社会认同度、资源获取能力和参与公共服务的积极性有显著的影响，即登记注册制度、监督管理制度、财税支持制度和人才培育制度等对慈善组织的社会认同度、资源获取能力和参与公共服务的积极性均有显著的影响；第二，非正式制度对慈善组织的社会认同度、资源获取能力和参与公共服务的积极性也有显著的影响，即"决策参与""人文环境""交流合作""接受程度"对慈善组织的社会认同度、资源获取能力和参与公共服务的积极性均有显著的影响。

实证研究的结果表明，第一，当前我国慈善组织发展还存在短板，发展活力有待进一步提升。具体体现在以下几点。一是我国慈善组织的社会认同度较高；二是慈善组织之间的资源获取能力较低；三是慈善组织参与公共服务的积极性较低；四是慈善组织发展具有显著的区域差异性，这种区域差异性主要来源于经济发展程度的差异。第二，正式制度对慈善组织的社会认同度、资源获取能力和参与公共服务的积极性有显著的影响。具体体现在以下几方面。一是登记注册制度、监督管理制度、财税支持制度和人才培育制度对慈善组织社会认同度各维度分别产生不同程度的影响；二是人才培育制度对慈善组织资源获取能力中的承接各类项目数量和项目收入产生显著影响。第三，非正式制度对慈善组织的社会认同度、资源获取能力和参与公共服务的积极性也有显著的影响。具体体现为以下几点。一是"接受程度""决策参与""交流合作"和"人文环境"对慈善组织社会认同度各维度分别产生影响；二是"决策参与""交流合作""人文环境"和"接受程度"对慈善组织资源获取能力各维度分别产生影响；三是"决策参与""交流合作"和"接受程度"对慈善组织参与公共服务积极性的各维度分别产生影响。

要充分发挥慈善组织在新时代社会治理中的重要作用，就必须促进慈善组织的大力发展，使之充满活力。而要促进慈善组织的大力发展，就必须从根本上加强制度建设，为慈善组织发展创造良好的制度环境。这种制度环境既包括正式制度环境，又包括非正式制度环境。因此，只有加强正式制度环境与非正式制度环境建设，才能从根本上促进慈善组织的大力发展。

正式制度环境建设在促进慈善组织发展中处于举足轻重的地位。可以说，没有良好的正式制度环境，慈善组织发展必然会"寸步难行"。因此，加强正式制度环境建设，是促进慈善组织大力发展的关键之举。要加强正式制度环境建设，就必须做到以下"四个注重"。一是注重完善财税支持制度。财税支持制度主要包括政府购买公共服务制度和税收激励制度两个方面。只有完善政府购买公共服务制度和税收激励制度，才能为我国慈善组织的大力发展注入持续动力。要完善政府购买公共服务制度，就必须理顺政社关系，将其纳入发展规划，完善购买流程，推进转移支付，明确权利义务；要完善税收激励制度，就必须推进慈善税收激励的立法化，建立差异化的税收优惠制度，提高慈善税后捐赠免税额度，增强税收优惠政策的可及性。二是注重改革登记注册制度。登记注册制度是慈善组织取得合法地位的前提与基础。要促进慈善组织的大力发展，就必须尽快完善慈善组织的登记注册制度。要完善慈善组织的登记注册制度，就必须切实落实"一元化"的登记注册体制，降低登记注册的准入条件，健全登记注册的服务机制。三是注重强化监督管理制度。要强化监督管理制度，就必须健全慈善募捐监督体制、慈善运行监督体制和慈善组织评估监督体制。要健全慈善募捐监督体制，就必须建立募捐人准入监督制度、捐赠人义务监督制度、受益人义务监督制度。要健全慈善运行监督体制，就必须要在健全慈善信息公开透明制度、健全慈善行业业务年审制度、健全舆论监督和人民群众监督制度上下功夫。要健全慈善组织评估监督体制，就必须健全慈善组织评估主体制度、等级评估制度和绩效评估制度。四是注重健全人才培育制度。要健全人才培育制度，就必须从制度层面提高慈善组织工作者的工资待遇和职业地位。要建立慈善人才职业资格制度，促进公益慈善职业化。要建立慈善人才激励制度。要高度重视慈善组织人才的招聘、评优、晋职、流动等制度建设。

非正式制度也是制约慈善组织发展的重要变量。慈善组织的制度供给不足既包括正式制度的供给不足，又包括非正式制度的供给不足。要积极加强非正式制度环境建设，就必须切实提升社会认知、增加社会信任、重塑公共精神、优化舆论环境、厚植慈善文化。要提升社会认知，就必须从根本上改变社会认知偏差，必须改变认知主体的习惯性认知，增强认知主体之间的交流互动。要增强社会信任，就必须重建社会信任的道德基础，建构具有中国特色的信任文化。要重塑公共精神，就必须强化正式制度约束，加强道德规范建设，推进社会公众参与。要优化舆论环境，就必须健全慈善组织信息披露机制，提升慈善组织的公信力；倡导慈善组织营销理念，提升慈善组织的影响力；增强慈善组织的信息管理能力，提升慈善组织的沟通力；建立多元主体联动机制，提升慈善组织的协同力。要厚植慈善文化，就必须加强慈善文化教育，培育公民慈善意识；加强慈善理论研究，完善中国特色慈善理论体系；加强慈善文化宣传，营造崇德向善的文化氛围。

要促进慈善组织的发展，既要积极加强正式制度与非正式制度建设，又要科学借鉴西方发达国家促进慈善组织发展的制度建设经验。西方发达国家促进慈善组织发展的制度建设经验主要体现在财税支持制度、登记注册制度、监督管理制度、人才培育制度和非正式制度等方面。

要促进慈善组织的发展，激发慈善组织活力，还要注重优化慈善组织活力的社会机制。根据总量—过程分析框架，慈善组织活力的社会机制是由生成—传导、激发—维系、评价—选择三种机制所构成的动态性体系。生成—传导是一个慈善组织活力的产生、外显、传播和感知的过程。生成—传导机制的效应包括权力效应和群体效应。要优化生成—传导机制，就要厘清慈善组织性质与职能，优化慈善组织治理结构，拓展慈善组织资源渠道，加强慈善组织形象传播。激发—维系是一个慈善组织确立组织目标、考虑组织需要和健全组织激励的过程。激发—维系机制效应的模式主要包括弱激发弱维系模式、弱激发强维系模式、强激发强维系模式和强激发弱维系模式。要优化激发—维系机制，就要强化慈善组织的公益性与非营利性、完善慈善组织的内部激励机制和推进慈善组织的法治化进程。评价—选择是一个慈善组织显著自我类别化、组织自我调节、组织竞争和变革的过程。评价—选择机制的效应包括达克效应和参与效应。要优化评价—选择机制，就要厘清不同类型慈善组织的角色和职能、加强慈善组织的规范化建设、拓宽慈善组织的参与渠道，以及健全慈善组织的第三方评价机制。

目　　录

第一章　导论

第一节　研究缘起

慈善事业以援助弱势群体和促进社会公益为己任，是社会治理结构中不可或缺的重要组成部分。作为慈善事业的一种组织形式，慈善组织是经济社会发展的产物，是社会文明进步的表现。慈善组织发展的历程表明，慈善事业是社会协调发展的润滑剂。20 世纪80 年代前后，许多发达国家都经历了"结社革命"，一大批民间非营利非政府组织如雨后春笋般在各国涌现，它们在促进民主发展进程中凸显出越来越重要的作用。英国著名社会学家安东尼·吉登斯在其著作《第三条道路——社会民主主义的复兴》中谈到，第三条道路才真正代表了社会民主的凤凰涅槃，肯定了第三部门催生"民主化"态势的强大作用。美国学者罗伯特·普特南认为，志愿组织有利于公共准则和信任的建立，从而提高社会治理的有效性。①总

---

① ［美］罗伯特·普特南：《使民主运转起来：现代意大利的公民传统》，王列、赖海榕译，江西人民出版社 2001 年版，第 99 页。

之，学术界对于社会组织的研究热情不断高涨，取得了丰富的研究成果。

迄今为止，西方国家关于慈善组织发展的理论已趋于成熟化，韦斯布罗德的政府失灵理论、汉斯曼的市场失灵理论以及萨拉蒙的志愿失灵理论共同构成了西方慈善事业的经典理论。这些理论都认为，在应对人类需要时，无论是政府、市场还是志愿者都存在缺陷，无法完全应对人类的需要。西方国家在社会福利提供过程中逐渐呈现出"多元主义"的倾向，家庭、企业及志愿组织等广泛参与其中。不同国家的实践证明，慈善组织等社会组织的蓬勃发展对社会和经济的发展具有极大的积极影响。2023 年 4 月，印第安纳大学礼来家族慈善学院（Indiana University Lilly Family School of Philanthropy，IUPUI）发布了《美国人怎么看公益慈善与非营利组织？》的研究报告，该报告指出："公益慈善机构和非营利组织依然是美国社会强有力的支柱，其主要作用体现在提供政府和市场无法提供或无法覆盖的公共产品与服务方面。据统计，截至 2022 年，美国非营利部门有约 180 万个非营利组织，它们的资产总值占美国国民生产总值的约 5.6%，经济贡献达 1 万 5 千亿美元，提供的就业岗位达 1230 万。"[1] 可以说，数量庞大的社会组织既可以带来巨大的物质和经济收益，也"具有一种隐性的'道德权威'"，这种潜在的权威与其庞大的规模一旦结合，将会产生难以忽视的能量，[2] 从而成为参与社会治理的重要力量。

---

[1] 资料来源于北京基业长青社会组织服务中心（CFF2008）公众号文章《美国人怎么看公益慈善？这份报告或许颠覆你的认知》，2023 年 5 月 29 日。

[2] 石国亮：《慈善组织公信力研究》，人民出版社 2014 年版，第 5 页。

在西方发达国家，各类慈善事业发展得很迅速，第三次分配普遍发展得比较成熟，主要原因是他们非常重视制度建设在慈善组织发展中的作用，都制定了适合本国国情的法律制度。如英国的《救济法》、美国的《联邦税法》、日本的《特定非营利活动促进法》等，分别从不同的侧重点将慈善组织纳入了国家的法律体系之中。不仅如此，各国都采取了不同的制度保障措施。无论是日本还是英美，都有着完善的慈善组织法人制度，包括一致的人力资源管理和流动机制、独立的财会、审计制度、比较完善的社会福利体系等。这些制度保障措施使慈善组织融入了整个社会结构和法律框架之中。这些情况表明，西方发达国家已形成了慈善组织发展的良好制度环境。尽管如此，这些国家也依然面临各种挑战——如捐赠人数量下降和服务成本上升等，这也说明西方国家慈善事业发展的制度环境有待进一步优化。IUPUI 在 2022 年发布的《世界公益慈善环境指数》报告中对 91 个国家和经济体的公益慈善环境进行了比较分析，报告显示："尽管在 91 个国家和经济体中，其中 62% 都拥有良好和有利的公益慈善环境，但近一半也受到新冠疫情影响，经济增长放缓，从而对公益慈善环境也产生了不可忽视的影响；此外，其中三分之一的国家和经济体，面对新需求的不断增长、和众多慈善家和公益慈善组织提供了大量资金，但跨境慈善流动仍然受到环境的诸多限制。"[①] 良好的公益慈善环境会对个人和慈善组织产生积极影响，并能激励其持续有效地参与各投入公益慈善事业。

[①] 资料来源于北京基业长青社会组织服务中心（CFF2008）公众号文章：《2022 世界公益慈善环境大比拼》，2022 年 5 月 17 日。

公益慈善环境是监管、政治、经济和文化背景等一系列相互关联的条件的产物。有利的公益慈善环境不仅包括良好的慈善组织内部运行制度、合理的税收优惠制度、完善的评估制度、政府的公共政策和实践，而且包括有利的经济环境、核心价值观等社会文化环境。

进入 21 世纪以来，随着我国经济社会的发展，公益慈善事业的社会救助作用不断得到体现，并获得了国家的全面认可和支持。实践也证明，慈善事业在不同的历史时期都被赋予不同的历史使命，是推动社会发展的重要力量。当前，我国已经迈上全面建设社会主义现代化强国的新征程，中国式现代化是"全体人民共同富裕的现代化"，实现全体人民的共同富裕是社会主义现代化强国建设的核心内涵要求。共同富裕的实现离不开完善的分配制度，需要初次分配、再分配、第三次分配制度体系协调配套和共同发力。有学者认为，2021 年，"以第三次分配促进共同富裕的顶层设计初具雏形，乡村振兴的法治化进程明显加快，中国式现代化新道路不断拓展。正是在这样的背景下，中国慈善事业被赋予了新的战略意义。它不再是中国社会福利制度的一部分，而是成为国家资源第三次分配的重要主体之一"①。可以说，慈善事业是第三次分配的主要实现形式，肩负着推动共同富裕的重大历史使命。慈善事业参与第三次分配既需要相关顶层设计，也需要完善的社会制度环境支撑。

伴随着政府的高度重视、国家政策制度的逐渐完善，我国的慈善

---

① 朱健刚、严国威：《慈善第三波：2021 年中国慈善事业发展报告》，载杨团、朱健刚《中国慈善发展报告》（2022），社会科学文献出版社 2022 年版，第 2 页。

事业得到了快速的发展，慈善组织的数量和规模不断发展壮大，社会公众的慈善意识和对慈善组织的认同度逐渐提高。但总体来看，我国慈善事业发展依然处于滞后的局面。比如，公众参与慈善的深度还不够，慈善组织的总量虽然在增加，但是存在总量不足、质量不高、资源动员能力和公共服务能力有限等问题。影响慈善组织发展的因素是多方面的，其中制度环境是慈善组织发展的决定性条件。可以说，慈善事业发展滞后的主要原因就在于制度环境的不完善。有学者指出："我国社会组织的兴起不仅是经济、社会发展所催生，更是政府自上而下主动扶持的结果，体现出很强的制度推动性。因此，制度环境直接影响着社会组织的生存、发展和壮大。"① 关于慈善组织发展的制度困境，学术界进行了大量的研究。有的学者认为，慈善制度不健全、政策支持力度不够大、体制性障碍等是导致慈善事业发展滞后的主要原因；有的学者认为，法律制度导致慈善组织缺乏必要的监管，从而导致其公信力差；有的学者认为，现有制度不能给个人或企业提供足够的慈善激励，进而不利于慈善组织的发展；还有学者指出，价值认同和社会道德等非正式制度规范同样制约着我国慈善组织的发展。

可见，要促进慈善组织的大力发展，就必须优化制度环境。那么，如何理解制度环境？制度环境对慈善组织发展究竟有什么样的影响？如何优化慈善组织发展的制度环境？这些是本书试图解决的核心问题。

---

① 张杰：《我国社会组织发展制度环境析论》，《广东社会科学》2014年第2期。

第二节　研究综述

一　关于慈善组织的基本理论问题研究

（一）慈善与慈善组织的概念界定

慈善组织是从事慈善事业、开展慈善活动的组织，因此，对慈善的概念界定是慈善组织概念界定的基础。关于慈善的内涵界定，不同学者有不同的观点，不同国家对于慈善的内涵也有着细微差别，但不可否认的是，对慈善的解释都与"爱"息息相关。

根据英国慈善法学权威休伯特·皮卡达先生的见解，"慈善"这一词语似乎并非来源于古希腊语或者古典拉丁语，而是经由法语单词"charité"，来自基督教拉丁语"caritas"，指的是"毫无保留地、发自内心地去爱"。换言之，慈善是不求回报、无私友好地帮助那些身处困境的社会群体。[①] 美国著名经济学家和社会学家加里·贝克尔（Gary Becker）在《人类行为的经济学分析》中给慈善下的定义是："如果将时间与产品转移给没有利益关系的人或组织，那么，这种行为就被称为慈善。"[②] 在该定义中，慈善是一种非强制性的自愿行为，是一种没有利益关系的人或组织之间的"单向交易行为"。

在国内，郑功成教授认为，"慈善事业作为一项有着实质内容的道德事业和现代社会保障体系中的必要组成部分，是指建立在社会捐

---

① Hubert Picarda, *Law and Practice Relating to Charities 4th ed.*, West Sussex：Bloomsbury Professional, 2010, p. 3.

② ［美］加里·S. 贝克尔：《人类行为的经济分析》，王业宇、陈琪译，上海三联书店1995年版，第321页。

献经济基础之上的民营社会性救助行为，是一种混合型社会分配方式。在经济意义上，慈善事业实际上是一种独特的财富转移方式"①。周秋光教授认为，慈善是一种社会行为，是在政府倡导或者扶持帮助下，由民间的团体和个人自愿组织与开展活动，帮助对象为社会中遇到不幸或灾难的人，是一种不求回报实施扶持帮助高尚的道德行为。②

2016年，郑功成教授还在"现代慈善与社会保障"的学术讲座上提出了对现代慈善的四点看法，即现代慈善是有能力去帮助他人，不求回报的，平等是现代慈善的首要原则；现代慈善还注重专业性，需要专业的机构和人员去运行慈善组织和开展慈善活动；慈善活动要制度化，有制度和法制的约束；现代慈善要学会共享慈善结果。③我国《慈善法》第3条对慈善的界定是自然人、法人和其他组织自愿开展扶贫、济困，扶老、救孤、助残以及促进教育、科学、文化、卫生、体育事业发展等有助于提高人民综合素质、维护社会和谐稳定发展的公益性活动。

对于慈善组织是基于慈善目的而设立的进行济弱扶贫、增进社会福祉的非营利性组织的观点各国基本认同。西方许多学者给予慈善组织的一个广义的定义是"一个拥有资产的、非营利的、非政府的组织"。美国学者韦尔（Vail）用图解向我们描述了慈善组织是与政治组织以及互惠组织毫无交集但与协会有交叉（交叉部分为慈善性志愿协

① 郑功成：《现代慈善事业及其在中国的发展》，《学海》2005年第2期。
② 周秋光、曾桂林：《中国慈善简史》，人民出版社2006年版，第6页。
③ 《中国人民大学郑功成教授莅临2016年湖南省"慈善公益与社会发展"研究生暑期学校讲学》，湖南省教育厅，2016年7月22日，http://xwb.gov.hnedu.cn/c/2016-07-22/827960.shtml，2019年8月20日。

会）的一类中间组织。① 吉登斯将慈善组织理解为了实现慈善目的而构建出来的社会群体，除了实现慈善目的外，还应包括非营利性。② Dodgson & Gann 认为，慈善组织通过直接捐赠金钱、时间以及专业知识等，并帮助受助者解决实际的问题来增进社会福祉和推动社会进步。③ 在英国，慈善组织是一个特定的法律概念，在其慈善法中，往往用 charity 来指代慈善组织或慈善。在国内，徐麟对慈善组织的定义是："纯粹为法理上承认的慈善用途而设立并主要进行救济弱势群体之慈善活动的非营利机构，是以民间为主体、以捐赠为主要基础的公益性的社团法人和财团法人。"④ 石国亮将慈善组织界定为 "以从事慈善活动为主要内容的社会组织"，包括三大类："第一类，各级慈善会和各级红十字会；第二类，基金会；第三类，从事慈善活动的社会团体和民办非企业单位（包括获得了免税资格的社会团体和民办非企业单位，同时获得了免税资格和公益性捐赠税前扣除资格的社会团体，未获得免税资格但从事慈善活动的社会团体和民办非企业单位）。"⑤ 我国《慈善法》对于慈善组织是这样定义的："慈善组织是指依法成立、符合本法规定，以面向社会开展慈善活动为宗旨的不以盈利为目的非营利性组织。"⑥

① Ware, Alan, *Between Profit and State: Intermediate Organizations in Britain and the United States*, London Polity Press, 1989, p. 9.
② ［英］安东尼·吉登斯：《社会学》，李康译，北京大学出版社 2003 年版，第 332 页。
③ Dodgson, M., Gann, D., *Philanthropy Innovation and Entrepreneurship: An Introduction*, Palgrave Macmillan, 2020, p. 6.
④ 徐麟：《中国慈善事业发展研究》，中国社会出版社 2005 年版，第 190 页。
⑤ 石国亮：《慈善组织公信力研究》，人民出版社 2014 年版，第 27—28 页。
⑥ 《中华人民共和国慈善法》第 8 条之规定："本法所称慈善组织，是指依法成立、符合本法规定，以面向社会开展慈善活动为宗旨的非营利性组织。慈善组织可以采取基金会、社会团体、社会服务机构等组织形式。"

（二）关于慈善组织发展必要性的探讨

德国社会学家西美尔认为，社会组织化有助于一个社会的和谐与稳定。他在其著作《群体联系的网络》中提出，"多元的社会组织使社会成员之间产生了多重群体联系，从而将个体放入了多样的社会结构里，并防止他们被任何一个群体或群体的小部分过度的涵盖，社会的两极分化变得不太可能"。美国著名社会学家塔尔科特·帕森斯则从结构功能主义的视角，分析了社会组织执行的社会整合功能对整个社会系统生存和持续的重要性。他在《社会体系》《经济与社会》等著作中提出，为了达到社会整合的目的，文化价值需要制度化，而这就是社会组织的主要功能。社会组织通过社团或协会等来完成社会整合的任务。社团或协会等社会组织的规则是允许成员自愿加入，成员彼此之间是平等的，决策也是程序化的。在社团或协会中，现行的文化价值观将通过社会化机制以及包括人际制裁和仪式活动在内的社团控制机制，对个人产生潜移默化的影响，使个人将文化价值观作为一种行为规范来接受。由于20世纪70年代以来全球范围内"结社革命"的出现，独立于国家组织与市场组织之外的社会组织获得了前所未有的发展。韦斯布罗德的政府失灵理论、汉斯曼的市场失灵理论以及萨拉蒙的志愿失灵理论共同构成了西方慈善事业发展的经典理论。这些理论都认为，在应对人类需要时，无论是政府、市场还是志愿者都存在缺陷，无法完全应对人类的需要。韦斯布罗德运用"需求—供给"的分析方法，从经济学的角度解释了慈善组织存在的必要性。他认为，政府、市场和社会组织都具有提供公共物品以满足公众需要的功能，并且三者是互为补充的关系。对于消费者而言，如果政府提供的公共物品不能使他们满意，他们就可以替代性地选择市场或者社会组织。因而具有各种功能的社会组织的出现，使消费者能够在政府和市场之间处于比较有利的位置。

在国内，学者们主要从社会救助、社会保障、贫困治理以及承担公共服务职能等方面分析慈善组织的重要作用。郑功成指出："慈善事业是公益事业的典型代表，其调动的是民间的财力、物力和人力，提供给社会的是社会性的救助和社会化的公益服务；政府掌握公共权力和公共资源，管理公共事务，谋求公共福利也是政府的基本职责。可以说从这方面讲二者是一致的。"[①] 田凯从政府与非营利部门合作关系的可能性和约束条件的视角指出："中国现在的国家保障型的社会保障制度无法很好地解决中国社会正面临和即将面临的社会压力，出于对'生存风险'的化解需求，政府会积极扩大非营利部门在社会保障制度的作用。"[②] 郑晓齐、宋忠伟从社会救助的角度分析了慈善组织的重要作用。他们认为，"伴随经济社会发展，我国社会救助情况更复杂、任务更艰巨，虽然政府在社会救助中处于主导地位，但也存在政府失灵和市场失灵现象，慈善组织参与社会救助具有客观必然性。慈善组织在社会救助活动中，具有救助资源多样、救助方式灵活、救助响应及时等优势"[③]。还有一些学者如王旭、顾昕等人认为，在中国体制改革不断走向深化，以及公共服务需求越来越多元化和精细化的背景下，政府的角色开始由公共服务直接生产者向公共资源协调者转变。

---

① 郑功成：《中华慈善事业》，广东经济出版社 1999 年版，第 81 页。
② 田凯：《机会与约束：中国福利制度转型中非营利部门发展的条件分析》，《社会学研究》2003 年第 2 期。
③ 郑晓齐、宋忠伟：《我国慈善组织参与社会救助论析》，《吉林大学社会科学学报》2019 年第 4 期。

而贾西津、苏明等学者认为，不断发展的非营利组织由于其专业性、志愿性、公开性和非营利性等特征，将替代政府承担部分公共服务职能。

（三）关于慈善组织发展内涵的研究

在国外，学术界关于慈善事业发展的研究起步较早。迄今为止，关于慈善组织发展的理论已趋于成熟化，形成了目标导向模型（Cameron，1985）、开放系统模型（Steers，1976）和利害相关者满意模型（社会建构模型）（Herman and Renz，2004）三种理论模型。这些理论一致认为，慈善组织发展是多层次、多维度的；评价慈善组织活力的标准是多元的；在慈善组织的不同生命周期，其发展会呈现不同的特征。在具体案例的分析方面，美国学者贝奇·布查特·阿德勒（Betsy Buchalter Adler）在《通行规则：美国慈善法指南》一书中通过对美国慈善组织的经济收益、商业活动、自我治理、公信力建设等内容的系统介绍，分析了美国慈善组织的发展状况。[①] 乔尔·L. 弗雷施曼（Joel L. Fleishman）则通过99个个案发展脉络的梳理对美国基金会做出了全面细致的解读，通过准确的概括和丰富的案例分析了美国慈善组织的成功之处和不足。[②]

国外学术界对慈善事业发展的影响因素关注较多，主要研究了内在动机、宗教文化、法律制度、国际化发展趋势、慈善组织内部治理等因素对慈善事业发展的影响和推动。如奥利维尔·聪茨教授在

---

① ［美］贝奇·布查特·阿德勒：《通行规则：美国慈善法指南》，金锦萍等译，中国社会科学出版社2007年版。

② ［美］乔尔·L. 弗雷施曼：《基金会：美国的秘密》，北京师范大学社会发展与公共政策学院社会公益研究中心译，上海财经大学出版社2013年版。

《美国慈善史》一书中，提出"为了人类的进步"和推动民主发展是美国慈善业发展的源动力，同时他还强调，美国政府对慈善事业在政策层面的强有力的支持也是美国慈善业发展的重要动力。他认为"慈善是为了救济有需要的人，而慈善事业是为了人类的进步"，"为了人类的进步"会促使慈善事业寻求解决社会问题的长期方案。[①]"美国印第安纳大学慈善学院和美国信托公司（U. S. Trust）2014 年 10 月的调查显示，73.5% 的美国人民相信通过自己的捐赠可以使世界发生改变，73.1% 的人捐赠目的是达到个人心理上的满足感，62.7% 的人是为了回报社区，仅 34.4% 的人是为了获得捐赠带来的税收优惠。"[②]可见，美国人民的捐赠动机更多的是博爱、同情心与社会责任感。贝奇·布查特·阿德勒认为美国慈善部门良好的法律环境是美国慈善事业发展的重要影响因素，政府没有直接介入慈善事业的发展，而是为其提供了一个有利的法律体系和完善的制度保障。比如免缴所得税，鼓励个人和组织向慈善组织进行捐赠，通过合同外包等形式为慈善组织提供更多资源，与慈善组织在公共服务领域形成了良好的合作关系，监督宽松等。[③]Molina etal.（2016）通过对西班牙、德国、法国、荷兰四国上市公司慈善捐赠数据的分析，指出政府对企业慈善捐赠所制定的相关政策是影响企业慈善捐赠行为的最主要因素。Nicolas J. Duquette（2016）从政府降低企业税收优惠政策支持力度的

---

① ［美］奥利维尔·聪茨：《美国慈善史》，杨敏译，上海财经大学出版社 2016 年版，第 2 页。

② 陶冶、陈斌：《美国慈善事业发展的历史、原因及启示》，《中国劳动关系学院学报》2016 年第 4 期。

③ ［美］贝奇·布查特·阿德勒：《通行规则：美国慈善法指南》，金锦萍等译，中国社会科学出版社 2007 年版。

方面，分析得出企业慈善捐赠税收成本每增加1%，社会慈善收入就会减少4%左右。[①] Deng（2019）认为美国一直致力于塑造自己的国际慈善形象，用于对外援助的捐赠金额持续上升，越来越多的慈善机构走出国门，在海外开展慈善项目。[②]

国内方面，郑功成提出："慈善组织及运行机制是慈善事业发展的关键因素，慈善组织要从阳光、公信的原则建立相应的组织机制，要娴熟运用市场机制发展现代慈善事业。"[③] 有的学者认为慈善组织要想实现可持续发展，必须具备决策领导能力、资源动员和管理能力、规划和执行能力、公共关系的能力等核心能力。只有具备了这些核心能力，慈善组织才有竞争力，才会建立良好的公信力，从而健康地发展。因此，慈善组织的能力建设是慈善组织发展的核心内容。马庆钰等认为社会组织的能力建设包括四个方面："使用、愿景与战略规划能力、治理结构及领导能力、行政及财务管理能力等。"[④] 林闽钢则从社会资金的角度提出能力建设的三个方面，即合作能力、筹资能力和公信能力。[⑤] 学者们还认为公信力不足是慈善事业产生发展困境的根源，而影响公信力的主要因素有以下几点。其一，慈善组织的行政化。高志宏认为，官民二重性有悖于慈善组织的民间本性，导致

① Nicolas J. Duquette, "Do Tax Incentives Affect Charitable Contributions? Evidence from Public Charities' Reported Revenues", *Journal of Public Economics*, Vol. 137, 2016（5）.

② Deng, G., "Trends in Overseas Philanthropy by Chinese Foundations", *Voluntas: International Journal of Voluntary and Nonprofit Organizations*, No. 4, 2019.

③ 郑功成：《中国慈善事业的发展与需要努力的方向——背景、意识、法制、机制》，《学海》2007年第3期。

④ 马庆钰等：《社会组织能力建设》，中国社会出版社2001年版，第11—13页。

⑤ 林闽钢：《社会资本视角中的非营利组织能力建设》，《中国行政管理》2007年第1期。

慈善组织的独立性、公益性、运作效率降低，进而影响其公信力。① 石国亮通过调查发现，官僚作风和官僚习气是慈善组织公信力危机的直接影响因素。② 其二，内部治理失范。杨伟伟等运用定性比较分析（QCA）方法研究发现，内部治理不规范是慈善组织公信力危机发生的前置因素。③ 王林通过分析较高业绩和社会声誉的慈善组织发现，健全的组织结构有利于提高慈善组织的效率和业绩，有效防止少数人擅权，杜绝贪污和腐败。④ 其三，信息公开不足。任彬彬等认为信息公开是公众对慈善组织认知的基础。⑤ 张鹏等认为，公信力重塑的关键在于信息透明化。⑥ 其四，监管机制不健全。包括慈善法律实施不到位⑦，第三方评估不足⑧，监管碎片化⑨等。

（四）关于促进慈善组织发展的对策研究

美国学者乔尔·L. 弗雷施曼认为促进慈善组织发展必须要优化慈善组织的发展环境，他提出："基金会与其他社会机构一样都需要在社会大环境下运作。所以，社会大环境在很大程度上影响着基金会的能

---

① 高志宏：《再论我国慈善组织公信力的法律重塑》，《政法论丛》2020 年第 2 期。

② 石国亮：《慈善组织公信力的影响因素分析》，《中国行政管理》2014 年第 5 期。

③ 杨伟伟、谢菊：《互联网视角下慈善组织公信力危机影响因素分析》，《山东社会科学》2021 年第 10 期。

④ 王林：《论中国近代慈善组织公信力的评价标准》，《中国高校社会科学》2021 年第 5 期。

⑤ 任彬彬、宋程成：《疫情应对中慈善组织公信力流失的形成机理及其对策——基于开放系统组织理论视角》，《湖北社会科学》2020 年第 7 期。

⑥ 张鹏等：《破解慈善公信力困境：可追溯系统原理运用的理论与实证》，《社会科学研究》2016 年第 3 期。

⑦ 高志宏：《再论我国慈善组织公信力的法律重塑》，《政法论丛》2020 年第 2 期。

⑧ 王福涛、陈博：《以第三方绩效评价提升慈善资金公信力》，《中国行政管理》2020 年第 11 期。

⑨ 韩兆柱、赵洁：《新冠肺炎疫情应对中慈善组织公信力缺失的网络化治理研究》，《学习论坛》2020 年第 10 期。

力、选择和工作方式。无论是政府管理、公共监督或自我管理，都应
当促使基金会更积极、准确、高效地使用资金，并实现社会效益的最
大化。"① 学者里贾纳·E. 赫兹琳杰（Regina E. Herzhnger）则提出要
加强对慈善组织的监督以促进其良好的发展，并提出了"披露—分
析—发布—惩罚四位一体的 DADS 监督法"②。有的学者则从慈善组织
与企业关系的视角提出如何促进慈善组织的发展。例如，Porter 和
Kramer（2006）都呼吁企业应该重视慈善捐赠行为在获得竞争优势过
程中的作用，并希望以此推动企业竞争优势和慈善组织自身发展的同
步提高；Yanacopulos（2005）从资源依赖的角度解释了企业与慈善组
织之间的关系。还有的学者则从慈善组织内部治理的角度提出如何促
进慈善组织的发展，如 Ditkoff 和 Colby（2009）认为慈善组织必须客观
评估其组织本身与项目运行绩效，并进而调整其决策机制、业务范围
和经营策略以促进组织发展。③

　　国内学术界对此也做了多方面的探索。有的学者注重对西方发达
国家慈善组织制度建设先进经验的介绍与借鉴，龙宁丽认为国外社会
组织管理体制的先进经验主要体现在以下四个方面："一是以法人登
记为平台，构建对社会组织进行监管的重要关口；二是积极推行免税
登记，利用经济杠杆引导社会组织发展；三是强化登记管理、税务、
审计、检察、司法等各部门的职责与功能，构建对社会组织的多元

---

　　① ［美］乔尔·L. 弗雷施曼：《基金会：美国的秘密》，北京师范大学社会发展与公共
政策学院社会公益研究中心译，上海财经大学出版社 2013 年版，第 120—121 页。

　　② ［美］里贾纳·E. 赫兹琳杰等：《非营利组织管理》，中国人民大学出版社 2000 年
版，第 143—152 页。

　　③ Ditkoff S, Colby S, "Galvanizing Philanthropy", *Harvard Business Review*, Vol. 87,
No. 11, 2009.

监管格局；四是通过税收优惠、财政直接拨款、购买公共服务、建立
战略支持框架体系、政府机构改革等手段，为社会组织提供支持性
服务。"① 有的学者认为，要明确政府在慈善事业发展中的职责，积
极发挥政府的引导作用，促进慈善组织真正成为独立的、自主的、具
有批判精神和公共价值的组织。② 一些学者则从政府与社会关系的视
角对如何促进慈善组织发展进行了探索，吴锦良提出，社会需要政府
和慈善机构共同努力编织社会安全网。在国家财政能力范围内，国家
还应向慈善机构以直接拨款的方式提供财政支持，还可以为包括个人
捐款、企业捐款等在内的慈善事业提供免税这种间接支持。③ 一些学者
认为，加强制度建设是促进慈善事业可持续发展的关键，建议进一步
修订《慈善法》，完善慈善组织准入制度、慈善信息公开制度、政府
监督管理制度、网络慈善、社区慈善、慈善应急机制、第三方评估机
制等，并出台有力度的慈善税收、慈善信托、人才激励等配套政策，
以明确慈善组织的地位、权利和义务，规范慈善组织行为，提升其公
信力。如有学者认为，"慈善法明确了慈善组织的登记制度，改变了
原有的'双重管理制度'；规定了慈善组织的内部治理结构，为实现
慈善组织的自治提供了法律依据；将年检制度改为年报制度，实现了
慈善监管方式的变革。慈善法的实施需要制定慈善组织的组织形式与
登记管理的具体规定与办法，出台有关慈善组织法人治理的国家标
准，对接年报制度与慈善监管体系，实现对慈善组织与慈善活动的有

① 龙宁丽：《国外社会组织管理体制的做法和经验》，《社团管理研究》2011 年第 7 期。
② 徐家良、王昱晨：《中国慈善面向何处：双重嵌入合作与多维发展趋势》，《华南师
范大学学报》（社会科学版）2019 年第 6 期。
③ 吴锦良：《政府改革与第三部门发展》，中国社会科学出版社 2001 年版，第 293 页。

效监管"①。此外，还有一些学者主张加强慈善组织的自身制度建设，认为慈善组织要完善运行机制、健全组织管理结构、提高战略管理能力、提高组织动员和筹资能力、加强专业人才培养等。也有一些学者主张要在培育慈善意识、传播慈善文化、加强慈善伦理建设、营造社会舆论氛围等方面下功夫。

随着互联网技术的发展和推广，国内外学者关于互联网时代的慈善事业发展的研究成果也越来越多。Gandia 通过对西班牙非政府组织网站的研究发现，社会组织信息发布的水平直接影响了其后期的捐赠收入。② 陈为雷等提出："随着网络升级新时代的来临，新媒体业已成为社会组织监管的重要途径，要推动社会组织及其项目过程公开化，主管部门和社会组织要加强网络途径的信息交互，构建社会组织线上和线下监督的融合体系。"③ 有学者通过案例对互联网视角下慈善组织公信力危机的影响因素进行了分析，提出要将"提高慈善组织网络回应沟通能力、依法治网和净化互联网舆论环境、改进慈善组织内部治理，作为化解慈善组织公信力危机的主要着力点"④。也有学者分析了中国网络慈善的创新价值与未来发展趋势，认为"网络慈善是伴随互联网和移动支付的广泛应用而兴起的慈善新形态，为我国慈善募款、项目设计及运行模式的创新发展注入了巨大活力，必定引领慈善

---

① 杨思斌、李佩瑶：《慈善组织的概念界定、制度创新与实施前瞻》，《河北大学学报》（哲学社会科学版）2016 年第 5 期。

② Juan L and Gandía，"Internet Disclosure by Nonprofit Organizations：Empirical Evidence of Nongovernmental Organizations for Development in Spain"，*Nonprofit and Voluntary Sector Quarterly*，Vol. 40，No. 1，Feb 2011.

③ 陈为雷、毕宪顺：《Web2.0 时代新媒体慈善监督刍议》，《理论导刊》2015 年第 6 期。

④ 杨伟伟、谢菊：《互联网视角下慈善组织公信力危机影响因素分析》，《山东社会科学》2021 年第 10 期。

事业的未来发展走向。但实践中暴露出来的法律规范不足、失范现象时有发生、网络慈善生态尚未成熟等问题，也表明完善网络慈善制度建设、提升慈善数字化能力、引导公众理性参与具有必要性。在走向共同富裕的进程中，网络慈善应当成为实现中国慈善事业大发展的重要力量"①。

二 关于制度环境与慈善组织发展的关系研究

（一）关于制度环境的含义与测量指标

美国社会学家约翰·迈耶在其著作《教育中的新制度主义》中最早提出了制度环境这一概念，他提出："从环境的角度考察组织行为时不仅要关注到它所处的技术环境因素，也要关注其制度环境的影响。"②制度理论历经早期制度理论到现代制度理论，取得了一系列丰富的成果。关于制度环境的内涵，较具代表性的有以下两种观点。第一种观点主要从强制力的强弱和约束力的大小来考察制度环境的内涵。如美国学者道格拉斯·诺思认为，制度是一个社会的博弈规则，包括人类设计出来的、用以型塑人们相互交往的所有约束，有正式规则、非正式规则、实施的形式与有效性。正式规则是人为设计的成文规则，非正式规则是作为正式规则之基础与补充的典型的非成文规则。正式规则和非正式规则实施的形式与有效性也在整个制度环境中起着重要作用。③ Tatiana

---

① 谢琼：《中国网络慈善的创新价值与未来发展趋势》，《社会保障评论》2022 年第 3 期。

② Bekkers R, Wiepking P, "Generosity and Philanthropy", *A Literature Review*, Vol. 1, 2007.

③ ［美］道格拉斯·C. 诺思：《制度、制度变迁与经济绩效》，杭行译，格致出版社、上海三联书店、上海人民出版社 2014 年版，第 4—5 页。

S 在对东欧新兴经济的研究中，把制度环境区分为"调整"（regulato-
ry）、"规范"（normative）、"感知"（cognitive）三个维度。调整维度
的制度环境包括国家、社会和社区的各种法律法规，属于正式制度。
而调整标准和商业行为的惯例属于规范维度的制度环境。感知维度的
制度环境则主要侧重于非正式层面，表现为对于期望、标准行为的信
念（社区、社会的发展和文化）。而遵循这些制度和安排是组织获得合
法性和支持的前提和必要条件。①

　　另外一种观点则从制度环境的影响（即制度对人和组织的行为进
行引导和调整，以使之获得合法性）的角度诠释其内涵。如冯天丽和
井润田认为："制度环境主要是由一系列规则和规范要求构成的，遵守
这些规则约定和规范要求是组织从环境中获得合法性的必然选择。"②
俞可平指出："国家用以约束和规范慈善领域的所有正式规则和非正式
规则，均为慈善组织制度环境的范畴。"③ 关于合法性，社会学界普遍
认为组织的合法性即组织取得其所在环境的接纳和认可。如 Meyer 和
Scott 认为组织和其所在环境的一致性是合法性的来源。④ Suchman 主张
合法性即是组织得到社会的认可和接受，在其所处的社会环境中被认
为是合适的或被接受的。⑤

---

　　① Tatiana S. , "Institutional Environments for Entrepreneurship: Evidence from Emerging E-
conomies in Eastern Europe", *Entrepreneurship Theory and Practice*, Vol. 32, No. 1, 2008.
　　② 冯天丽、井润田：《制度环境与私营企业家政治联系意愿的实证研究》，《管理世界》
2009 年第 8 期。
　　③ 俞可平：《中国公民社会：概念、分类与制度环境》，《中国社会科学》2006 年第 1 期。
　　④ Meyer L D, Scott S H, "Possible Errors During Field Evaluations of Sediment Size Distribu-
tions", *Transactions of the AsABE*, Vol. 26, No. 2, 1983.
　　⑤ Suchman M C. "Managing Legitimacy: Strategic and Institutional Approaches", Academy of
Management Review, Vol. 20, No. 3, 1995.

关于制度环境的测量指标，学者们也较为关注。赵兴兰提出："可用对外开放的程度大小、非公有制经济发展水平的高低、市场化程度的大小三个指标对制度因素进行量化。"[①] 樊纲、王小鲁等提出，用"地区的市场化水平、对法律和投资者的保护水平以及政府干预的程度"[②] 三个指标来测量一个地区的制度环境。姜英兵、严婷则提出以地区市场化总水平、法律保护水平、政府干预程度以及社会资本四个指标来测量制度环境。[③] 徐玉德、洪金明等则以市场化、政府干预和法治水平指数高低三个指标来测量。[④] 丁辉侠则从政府对经济的干预、产权制度、市场化程度、教育和科研制度、工业化水平五个方面来考察制度环境。[⑤]

（二）关于制度环境对慈善组织发展的影响研究

国外学者的研究鲜有涉及制度环境对慈善行为、慈善组织，乃至慈善事业发展的影响。这主要是由于西方发达国家非常重视制度建设在慈善组织发展中的作用，都制定了适合自己国情的法律制度，已形成了慈善组织发展的良好制度环境。

目前我国慈善组织发展正面临着种种制度困境（如定位困境、资金困境、人才困境和信任困境等）。因此，慈善组织发展的制度建设问题，已成为近年来我国学术界关注的焦点之一。国务院原研究室主任

---

① 赵兴兰：《制度因素对我国经济增长影响的实证分析》，《财经视点》2010 年第 6 期。
② 樊纲、王小鲁、朱恒鹏：《中国市场化指数——各地区市场化相对进程 2013 年报告》，经济科学出版社 2013 年版，第 35 页。
③ 姜英兵、严婷：《制度环境对会计准则执行的影响研究》，《会计研究》2012 年第 4 期。
④ 徐玉德：《制度环境、信息披露与银行债务融资约束——来自深圳市 A 股上市公司的经验证据》，《财贸经济》2013 年第 5 期。
⑤ 丁辉侠：《制度因素与区域经济增长——基于中国地方数据的实证分析》，《国民经济管理》2010 年第 7 期。

魏礼群认为："现阶段我国社会组织管理体制存在政社不分、社会组织行政化、双重管理体制僵化等弊端，国家、政府与社会组织之间的良性互动关系和机制还亟待完善。"① 有的学者探究了财政税收制度对慈善组织发展的影响。学者们认为，尽管由于慈善捐赠文化、捐赠制度缺位和慈善组织公信度等原因，相对于慈善事业发达的国家中国社会的自愿性捐赠不够，但是中国社会捐赠具备发展的条件，因为中国企业捐赠参与面已超过 90%。陈成文等学者认为，现有制度不能给个人或企业提供足够的慈善激励，进而不利于慈善组织的发展；杨肖宁通过对我国慈善组织立法现状分类的整理提出："我国现行慈善组织立法层次较低、可操作性不强、政府发展慈善事业角色定位不准确、税收减免规定不合理等问题是阻碍我国慈善事业发展的原因。"② 郑功成认为，"财政、税收制度，收入分配制度、民生保障制度、社会治理制度等均会对慈善事业的发展产生直接影响，如果这些制度对慈善是接纳与鼓励的，则慈善事业必定能够得到发展。反之，慈善就只能停留在零星的慈善活动而不可能成为自发的社会事业"③。

有的学者则分析了登记、监督管理制度对慈善组织发展的影响。王名等具体分析了阻碍慈善组织发展的双重登记管理制度，他指出："我国以双重管理体制为基础的制度环境总体上不利于慈善组织的长远发展。现有的登记注册管理方式对慈善组织既缺乏足够的政策支持和引导，对其行为的监管和约束能力也极为有限。"④ 石国亮等学者认为法

① 魏礼群：《积极推进社会治理体制创新》，《光明日报》2014 年 6 月 20 日第 1 版。
② 杨肖宁：《我国慈善事业制度的法律研究》，《南京工程学院学报》（社会科学版）2012 年第 12 期。
③ 郑功成：《中国慈善事业的发展方向》，《社会治理》2020 年第 10 期。
④ 王名、刘求实：《中国非政府组织发展的制度分析》，《中国非营利评论》2007 年第 1 期。

律制度导致慈善组织缺乏必要的监管，从而导致其公信力差。郑功成认为，目前我国慈善事业发展滞后的主要原因之一就是，"行政部门缺乏协调且监管不足与监管过度并存"①，因此，"需要进一步确立依法监管、法治与自治相结合的原则，强化监管队伍建设与能力提升，改进监管中存在的损害慈善组织自治权益等不足，真正构建积极的监管制度体系。此外，还需要将提供公共服务纳入慈善监管范畴，真正激发社会各界参与慈善、慈善组织自主发展的活力"②。

还有的学者探讨了宗教、文化、价值认同和社会道德等非正式制度规范对慈善事业的影响。庄祖鲤先生所著《契合与转化》一书中通过罗马文化和基督教文化在善行方面的不同阐述带来不同的效果，说明社会文化对善行的影响。杨昌栋在《基督教在中古欧洲的贡献》一书中认为，凡信赖耶稣的人对缺乏者自然慷慨，"基督徒们以为精神上实际上的事情，是比形式上制度上的事情更为要紧"③。关于信仰程度和捐赠数额或比例的关系，英美两国的调查同时表明信仰是捐赠数额的最强烈的预示指标之一。1993 年在英国的调查发现，称宗教对于自己"非常重要"的人平均每月捐款 23.75 英镑，而对宗教不太看重的人平均每月只捐款 7.94 英镑；在美国的调查中，每周做礼拜的人平均捐献收入的 3.8%，偶尔做礼拜的人捐献收入的 1.5%，而不做礼拜的人仅捐献收入的 0.8%。④ 黄家瑶指出，"慈善传统的文化穿透力是慈

---

① 郑功成：《中国慈善事业发展：成效、问题与制度完善》，《中共中央党校（国家行政学院）学报》2020 年第 6 期。

② 郑功成：《中国慈善事业的发展方向》，《社会治理》2020 年第 10 期。

③ 杨昌栋：《基督教在中古欧洲的贡献》，社会科学文献出版社 2000 年版，第 120 页。

④ ［英］艾德里安·弗恩海姆、迈克尔·阿盖尔：《金钱心理学》，李丙太等译，新华出版社 2001 年版，第 151 页。

善成为常态的根本原因之一"①。李静等提出价值认同和社会道德等非正式制度规范同样制约着我国慈善组织的发展。周中之认为，"慈善文化孕育了慈善精神，慈善精神激发了善行善举，慈善文化是慈善事业发展的肥沃土壤"②。

综上所述，国内外学术界对慈善组织的研究已经取得很多研究成果，这些成果对于本书具有十分重要的借鉴意义。但已有关于慈善组织发展以及制度环境与慈善发展的研究在总体上还存在着一些不足。这些不足主要有以下几点。一是有关制度环境的研究不够全面。目前，国内学术界关于慈善组织发展的制度环境研究主要集中在正式制度层面，对非正式制度环境关注较少。即使是关于正式制度层面的研究，也主要集中在政治制度层面。而正式制度不仅仅包括政治环境，还应该包括经济环境和社会环境等。因此，在研究慈善组织发展的制度环境的过程中，既要考虑正式制度环境也要考虑非正式制度环境，既要考察政治环境也要考察经济环境和社会环境，只有将各种制度因素综合起来进行考虑和分析，方能做出更为准确的判断。二是研究方法较为单一。目前，国内学术界对慈善组织发展的制度环境的研究，更多的是理论研究，而运用定量研究的实证分析却很少。慈善组织是一种具体的社会现象，单纯依靠理论研究得出的结论是不足以用于指导实践的。只有坚持理论研究和实证研究相结合，并以实证研究为主，才能从中归纳、总结出能够指导慈善组织实践活动的相关理论。这就充分表明，关于慈善组织发展的制度环境研究，无论是在研究内容还是在研究

---

① 黄家瑶：《中西方慈善文化的渊源比较及启示》，《学术界》2008 年第 4 期。
② 周中之：《共同富裕的慈善伦理支持》，《求索》2022 年第 1 期。

方法方面，都有待进一步拓展与深化。

第三节　研究意义

开展我国慈善组织发展的制度环境问题研究，具有十分重要的理论与实践意义。从理论意义来看，本书试图从正式制度和非正式制度这两个层面探讨制度环境对慈善组织发展的影响，对正式制度环境、非正式制度环境与慈善组织发展的关系进行有效的经验解释，构建慈善组织发展研究的制度框架。这既可以检视西方制度主义理论在中国的适用范围，又可以超越以往关于社会组织的单纯正式制度研究惯习，有助于开辟社会组织发展研究的新领域，丰富组织社会学研究的理论宝库。从实践意义来看，本书在实证研究的基础上将构建一套促进慈善组织发展的制度环境建设对策方案。这就可以为政府有关部门制定促进我国慈善组织发展的政策提供具有较强操作性的咨询依据，从而有助于从制度层面推动我国慈善组织的高质量发展，使慈善组织以更为积极的形态在新时代社会治理和国家资源第三次分配中发挥应有的作用，在迈向共同富裕的中国式现代化道路上积极作为。

第四节　研究思路

本书以我国慈善组织发展的制度环境为研究对象。慈善组织发展是指慈善组织的生命力，实质上就是指慈善组织的生存与发展问题。制度是指影响人类行为的一系列规则或规范。它包括正式制度和非正式制度。正式制度是人们有意识建立起来并以正式方式加以确定的各种制度安排，如各种成文的法律、法规、政策、规章、契约等，它表现为各种法律制度；非正式制度是指人们在长期的社会生活中逐步形成的习惯习俗、伦理道德、文化传统、价值观念、意识形态等对人们的行为产生非正式约束的规则。这些正式制度和非正式制度的集合体是决定慈善组织生存发展的重要条件。制度环境与慈善组织发展是息息相关的。那么，究竟是哪些制度环境影响着慈善组织的发展？用什么指标测量慈善组织的发展？制度环境影响慈善组织发展的内在机制又是怎样的？这些问题是本书研究的中心问题。基于此，本书的研究思路为以政府—非营利组织关系理论、"志愿失灵"理论、资源依赖理论、新制度主义理论、文化制约理论等为理论基础，运用规范的实证研究方法，对上海市、湖南省和云南省慈善组织的发展状况进行客观分析，探讨正式制度环境、非正式制度环境对我国慈善组织发展的影响，并在此基础上构建一套促进我国慈善组织发展的制度环境建设对策方案，为政府有关部门制定促进慈善组织发展的政策提供理论支撑和经验数据。

第五节　研究方法

在社会学的研究中有两种基本的方法论，一种是实证主义方法论，另一种是人文主义方法论。实证主义方法论认为，社会学研究应该像自然科学研究一样探讨各种社会现象之间的相互联系；而人文主义方法论则认为，社会现象和自然现象是有差别的，在进行社会现象和社会行为研究时，要特别注重"人对人的理解"和"投入理解"。在研究方式上，实证主义方法论主要采用定量研究，而人文主义方法论主要采用定性研究。①

本书主要采用定量研究方法，辅之以定性研究方法。其中，定量研究方法主要是问卷调查法；定性研究方法主要是个案研究法与文献研究法。

一　问卷调查法

调查对象主要为慈善机构的负责人及其工作人员。本书主要是对中国慈善组织发展过程中具体化的、情境性的行为与事件过程进行问卷调查，以期从正式制度环境和非正式制度环境两个方面获得全面的数据资料。根据经济发展程度的不同，本书选取了上海市、湖南省和云南省作为样本地。调查样本采取非概率随机抽样的方法获取。

二　个案研究法

本书运用半结构式访谈法、参与观察法对一些慈善组织典型个案进行了访谈，全面收集了第一手资料。

三　文献资料法

关于慈善组织和制度环境，国内外学术界已进行了大量的研究探索，取得了较为丰硕的成果。本书通过对国内外慈善组织相关文献进行搜集和整理，准确地把握了有关慈善组织制度环境的研究动态。同时，广泛收集了国内当前有关慈善组织的制度文件资料，以便充分了解我国慈善组织制度形成的背景与缘起。

---

①　童星：《现代社会学理论新编》，南京大学出版社 2003 年版，第 27 页。

第二章　理论基础

作为一种社会组织，慈善组织是在社会生产力达到一定程度，人们对公共服务需求日益增长的背景下产生并逐渐发展起来的，是有效社会管理与社会秩序失调共同作用的结果。这表明，慈善组织的发展总是受到一定经济社会条件的制约与影响。本书以政府—非营利组织关系理论、志愿失灵理论、资源依赖理论、新制度主义理论与文化制约理论为理论基础，探讨制度环境与慈善组织发展的关系。

第一节　政府—非营利组织关系理论

一　国外关于政府与非营利组织关系的理论

在探讨政府和非营利组织间关系的相关研究中，西方学者主要提出了以下不同的学术观点，即四模式论、"4C 关系"说和"SCA 关系"说。

(一) 四模式论

这一理论模式由美国学者本杰明·吉德伦、马克·克雷默和莱斯特·萨拉蒙等人提出。该理论认为，影响福利国家提供的公共产品与服务的因素主要有两个，一个是公共产品及服务的经费筹措与授权，另一个是公共产品和服务的具体实施。该理论根据以上这两种影响因素，把政府和第三部门的相互关系概括为四种类型模式。

1. 政府支配模式

在这一关系模式中，政府在公共产品和服务的提供上处于支配地位，起着决定性作用。政府部门采取税收手段获取资源，既提供财政资金，又提供公共服务。为了满足公众的多样化需求，政府雇佣委托各种非营利组织传送公共产品和公共服务。萨拉蒙通过对各国实例和调查数据的分析发现，政府对非营利组织的支持程度越高，就越有助于非营利组织扩大规模并促进其长久发展。可以说，政府的支持程度与非营利组织的发展规模成正比关系。由于一些发展中国家在公共物品的支出规模上远远不如英美等西方发达的福利国家，其非营利组织的发展规模也大不如发达国家。萨拉蒙比较了 34 个国家的非营利性组织，分析了就业人数占经济活跃人数的比例，发达国家和发展中及转型国家分别占比 7.4% 和 1.9%。[①] 从这个数据可以看出，发达国家非营利性组织的发展规模要远大于发展中国家和转型国家。萨拉蒙还调查分析了 34 个国家非营利组织的收入来源，主要有三个方面，即收费受益、政府资助和慈善捐赠。发达国家非营利组织的收入在这三方面的

[①] [美] 莱斯特·M. 萨拉蒙等：《全球公民社会——非营利部门国际指数》，陈一梅译，北京大学出版社 2007 年版，第 24 页。

占比分别为45%、48%和7%，而发展中和转型国家非营利组织的收入在这三个方面的占比分别为61%、22%和17%。① 不管是发达国家还是发展中和转型国家，其非营利组织的收入来源都不是靠慈善捐赠，而且发达国家在政府资助上的规模和力度要远远高于发展中和转型国家。

2. 非营利组织支配模式（也称第三部门支配模式）

在这一关系模式中，非营利组织在公共产品和服务的提供上处于支配地位。非营利组织支配模式形成的原因主要有以下两个。一是由于自由主义盛行，公民开始对由政府提供的公共产品及服务产生一种强烈的不信任心理，甚至盲目排斥一切由政府提供的公共产品及服务；二是因为某些少数社会群体在公共产品及服务方面的需求比较特殊，如对罕见病患者、残障人士、失学儿童等的援助。在提供具体的社会服务方面，联邦政府更多地依赖于大量的第三方机构——州、市、县、大学、医院、行业协会和大量的非营利组织。联邦政府通过这些第三方机构履行政府的职能，因此有一个聪明的"第三方管理"模式。在这种治理体制下，政府与第三方共享公共资金支出和公共权力运用的处理权。联邦政府福利项目提供中更多的是充任管理的功能，给非政府部门留下了相当大的自由裁量权。

3. 双重模式

双重模式是指政府和非营利组织在公共产品和服务的供给中共同发挥作用。在这种双重模式中，政府和非营利组织在各自的领域和范

---

① ［美］莱斯特·M.萨拉蒙等：《全球公民社会——非营利部门国际指数》，陈一梅译，北京大学出版社2007年版，第37页。

围内筹措资金和提供公共服务，互不干扰、重叠。双重模式主要表现为以下两种情形。一种是因为"政府失灵"的存在，非营利组织的出现得以弥补"政府失灵"的缺陷，在这一情形下非营利组织提供政府无法提供的公共服务，这一公共服务面向全体公民，以保证公共服务的完整性。另一种是非营利组织在政府供给之外，为少数特殊群体提供同种类型的公共服务，从而确保公共服务的公平性。①

4. "一、三部门合作"模式

与双重模式完全相反，政府和非营利组织在这一模式中，通过分工和合作来提供公共服务，在某些领域中交叉重叠。通常而言，政府与非营利组织主要以下两种方式开展合作，一是政府购买服务，二是"合作的伙伴关系"模式。第一种形式实际上就是政府出资以雇佣的方式让非营利组织提供公共服务，在这种情况下，非营利组织不会有太大的灵活处理的自由空间，而在第二种模式下，非营利组织的自治权力和决策权力更大，也能够更加灵活和独立地进行组织运行和项目管理。

(二)"4C 关系"说

"4C 关系"理论由艾德里·纳吉姆提出。"4C"即 cooperation、confrontational、complementary、cooptation。纳吉姆认为，政府和非营利组织之间存在"必要的张力"。在这种"必要的张力"框架下，纳吉姆根据目标追求和执行策略两个因素，将政府与非营利组织关系概括

---

① 王向南：《中国非营利组织发展的制度设计研究》，博士学位论文，东北师范大学，2014 年。

为四种类型。①

1. 合作型关系（cooperation relationship）

政府和非营利组织在这种合作型关系中能够实现相互合作、优势互补，进而提升公共服务供给的效率，因为二者在目标追求、实施策略和路径选择上都是相同的。

2. 冲突型关系（confrontational relationship）

政府和非营利组织在这种合作关系中，在公共服务供给上处于相互冲突的状态，因为二者的目标追求、实施策略和路径选择都是相异的。

3. 互补型关系（complementary relationship）

在这种关系中，政府和非营利组织有着一致的目标追求，在方法选择和实施策略上能够实现优势互补，进而在公共服务供给上形成相互依赖、互补共生的关系。

4. 吸收型关系（cooptation relationship）

在这种关系中，政府和非营利组织在实施策略和路径选择方面大致相同，但是目标追求具有较大差异。因此，政府和非营利组织在提供公共服务的过程中，都有想改变对方目标选择的意图，当某一方处于强势地位时，就会逐渐改变弱势一方的目标选择。

同时纳吉姆也指出，以上四种关系是一种总体框架描述，在实际生活中可能会有这种情况，即总体上政府和非营利组织处于某一种关系状态，但另一种不同类型的关系可能会在政府的不同机构和成员与

---

① 田凯：《国外非营利组织理论述评》，《学会》2004 年第 10 期。

非营利组织之间建立起来，也有可能在同一非营利组织内部的不同分支和成员与政府某一部门之间建立起来。

（三）"SCA 关系"说

"SCA 关系"即 supplementary model、complementary model、adversarial model。该理论是美国非政府组织和志愿行为研究会前会长丹尼斯·扬以美国政府与非营利组织的关系为研究样本提出来的，即三种关系模式。①

1. 补充模式（supplementary model）

在这种模式中，由于"政府失灵"现象的出现，政府提供的公共产品无法满足社会公众对公共产品的多样化需求。非营利组织的出现则可以弥补政府在这一方面的不足，提供政府无法或者不愿提供的公共产品。当然，在这一关系模式中，如果政府在提供公共产品和公共服务方面起主导作用时，非营利组织发挥的补充作用就会相对减小。

2. 互补模式（complementary model）

在互补模式中，非营利组织协助政府提供公共产品，双方是一种伙伴关系。处于这种模式时，非营利组织配送公共服务的规模与政府公共产品的投放量呈正相关关系，也就是说，政府在公共产品上的提供量越大，非营利组织配送的公共服务规模也就随之扩大，反之亦然。

3. 抗衡模式（adversarial model）

所谓抗衡，是指非营利组织作为公民利益的代表，对政府提供公

---

① 詹少青、胡介埙：《西方政府非营利组织关系理论综述》，《外国经济管理》2005 年第 9 期。

共服务的行为进行监督和制衡；而政府则通过政策、法规等规范引导非营利组织的公共服务供给行为。

当然，丹尼斯·扬也指出，在实际中，非营利组织和政府之间界限清晰的同一性（单一）模式一般是不存在的，二者的关系往往表现为既互利共赢又冲突制约。

二　国内关于非营利组织与政府间关系的理论

随着人们对美好生活需求的日益增长和经济社会的发展，我国慈善组织得到了快速发展。在这一背景下，国内不少学者开始探讨慈善组织与政府间的关系，并产生了丰硕的成果。有的学者从西方的相关理论出发进行本土化理论或概念创建的尝试，有的学者从经验研究的角度研究中国政府与慈善组织关系的实然状态。[1]

（一）在对国外政府与非政府组织关系介绍基础上的理论思考

中国人民大学康晓光教授借鉴以上四种理论观点，在分析我国政府与民间非营利组织之间关系的基础上，提出了三段论学说。

康晓光认为，我国的现代化进程是由政府主导的，这决定了我国要采取"分步走"策略来实现经济社会转型，即按照经济领域的市场化、社会领域的自治化、政治领域的民主化这个步骤来进行。市场化、自治化、民主化勾勒出了中国改革发展的路线图。在这"三化"的过程中，国家与社会的关系也将实现从国家合作主义到社会合作主义的转变，这一转变将历经三个不同阶段。一是国家对社会绝对全面控制

---

① 王浩林：《支持慈善组织发展的财政制度研究》，博士学位论文，东北财经大学，2012 年。

的阶段。二是国家与社会合作的阶段。在这一阶段中，国家处于主导地位，社会组织补充政府职能发挥着辅助作用。三是基层民主政治建设逐渐完善，社会团体的自治性和独立性越来越强，形成了小政府、大社会的制度框架。①

有学者运用"参与式治理"的概念来描述第三部门与政府之间的关系。意思是政府与第三部门为了共同的目标，相互合作，共同参与社会治理，合力进行社会管理工作。在这一关系模式中，政府将部分权力让渡给第三部门；社会管理的主体不仅仅是政府还有第三部门；第三部门与政府的关系是平等合作且相互依赖；政府对第三部门的管理主要体现在协调引导上而非直接干预；第三部门不依附于政府，在组织运行、决策和管理上拥有自主权，独立性强。为实现"参与式治理"，政府需要做到以下几点。一是转变政府全面管理垄断一切的传统观念，重视第三部门的作用，将第三部门视为平等伙伴关系；二是将政府与第三部门的职权规定在法律层面加以确定；三是实现信息公开透明化，为第三部门参与公共事务提供方便；四是积极运用各种手段如法律、经济和行政等引导第三部门的健康快速发展。② 对于第三部门而言，一要端正心态，正视自己的使命，并积极地参与社会管理；二要转变依附思想，增强独立性，将自己锻造为真正的社会事务参与主体。③

---

① 王向南：《中国非营利组织发展的制度设计研究》，博士学位论文，东北师范大学，2014年。
② 王浩林：《支持慈善组织发展的财政制度研究》，博士学位论文，东北财经大学，2012年。
③ 胡益芬：《"参与式治理"——第三部门与政府关系探析》，《重庆社会科学》2004年第1期。

（二）在经验研究基础上对中国政府与慈善组织实然状态的
探索

这类研究在实证材料的支持下，从理论层面上分析了慈善组织与
中国政府间的关系。王颖、折晓叶等指出，"官民二重性"是我国绝大
多数非营利组织的基本特征。非营利组织的自我管理、自助和互益使
之具有民办性，而政府对社会间接管理则使之具有官办性，这种双重
特征使我国非营利性组织呈现出双重行为方式和性格。① 我国非营利组
织之所以具有双重特征，是受到了经济转轨的影响，是政府职能由直
接管理向间接管理转变的结果。随着我国改革开放的不断深入和中国
式现代化新道路的不断拓展，我国非营利组织的民间性必将日趋增强，
而"官办"将逐渐转变为"官助"。

田凯提出了"组织外形化"这一概念。他指出："所谓慈善组织外
形化指的是慈善组织形式上具有民间非营利机构的外在特征，但其主
要组织成员来自政府，以同政府极相似的逻辑在运营。所以，从运营
的过程来看，这些慈善组织与其说是非营利机构，其实更像是政府部
门。"② 同时，他还从三个方面总结了我国慈善组织的产生和运作逻辑。
一是制度环境急剧变迁给政府带来了社会治理环境危机，这一背景催
生了慈善组织；二是以政府的形式利用慈善资源受到制度环境合法性
的约束，导致了慈善组织的产生；三是慈善组织外形化是政府的资源
获得需求和社会控制需求矛盾、冲突的结果。政府可以通过以下四种

---

① 王颖等：《社团发展与组织体系重构》，《管理世界》1992 年第 2 期。
② 田凯：《非协调约束与组织运作——一个研究中国慈善组织与政府关系的理论框架》，
《中国行政管理》2004 年第 5 期。

方式利用慈善资源，即以政府的形式利用，以政府的方式运作；以政府的形式利用，由民间组织运作；以慈善组织的形式利用，由政府运作；以慈善组织的形式利用，由民间组织运作。①

　　国内外学者从不同的视角对慈善组织与政府的关系做了探究，尽管他们的理论观点有所不同，但是他们的理论都阐明了慈善组织与政府的关系（主要表现为正式制度）是影响慈善组织发展的重要外部环境因素。因此，构建科学的政策制度，促进慈善组织发展，是现代社会政府更好满足公众需求的应然选择。

第二节　志愿失灵理论

　　1981 年，萨拉蒙从"政府失灵"和"合约失灵"理论分析的视角，通过对当代美国经济社会现象的透析指出："在公共服务领域，美国联邦政府角色定位局限在政策指导与公共资金的供给者，并不直接提供公共服务，有非营利组织替代政府直接提供公共服务，这就是'第三方管理'。""第三方管理"又称"志愿失灵"。在这一理论体系中，政府与非营利组织是公共服务的共同供给者，这既避免了政府独立提供公共产品和服务的高成本、低效率，又可以让政府为非营利组织提供更多的资金支持。同时，萨拉蒙进一步提出，在公共服务供给过程中，非营利组织会产生"志愿失灵"的问题。萨拉蒙认为，非营利组织存在以下五个方面的缺陷。

----

　　① 田凯：《非协调性约束与组织运作——中国慈善组织与政府关系的个案研究》，商务印书馆 2004 年版，第 281 页。

第一，公共服务能力不足。从资源获取方式来看，非营利组织与政府和企业有明显不同，政府获得资源的主要方式是税收，具有"强制性""稳定性"的特征；企业则通过产品出售的方式来获得资源，"营利性"和"独立性"的特点突出；而非营利组织主要通过募捐来获得资源，呈现出"自愿性"和"公益性"。显然，慈善组织的资源获取方式与政府、企业相比处于劣势，这往往导致非营利组织运营所需资金和能筹集到的资源之间存在较大缺口而不能很好地提供公共服务。

第二，非营利组织内部存在家长作风。萨拉蒙认为，受制于资源获取方式的影响，为非营利组织提供资源的人对资源的使用情况往往有较大发言权，一般会按照自己的偏好而不是参考多数组织成员的意见来做决定，也很少接受监督。

第三，非营利组织服务对象的局限性。萨拉蒙指出，为了弥补政府失灵的不足，非营利组织主要关注一些特殊的社会弱势群体，如残疾人、孤寡老人、儿童、未婚母亲等。再加上慈善资源的有限性，非营利组织难以做到为每个有需求的个体提供同质同量的服务，没有办法产生规模效应，或者是因为成本太高，机构无力承载，最终组织整体效率低下。[①] 所以，非营利组织的服务对象往往是"少部分"，具有局限性，萨拉蒙称其为"慈善的特殊主义"，即"部分慈善"。

第四，非营利组织的业余性。由于资源有限，非营利组织无法像企业那样为工作人员提供优厚的工资待遇和福利，这导致非营利组织

---

① 唐兴霖：《国家与社会之间——转型期的社会中介组织》，社会科学文献出版社 2013 年版，第 42 页。

难以招聘到高素质的专业人才，大多数成员都是业余志愿者。实际上，慈善服务的特殊对象又需要具有较高业务水平或专业技能的人士去服务，业余志愿者由于不具备相关的专业技能，其服务能力必然影响非营利组织的工作效率和水平。

第五，非营利组织有被环境同化的可能性。任何一种在制度环境下产生的组织，都会诉求高效管理和快速反应，非营利组织也不例外。由于政府和企业属于两种成功的组织形态，其结构与运营方式会吸引非营利组织进行模仿学习，这样就容易产生非营利组织被政府和企业同化的风险，进而非营利组织内部就容易出现官僚化（成为政府的附庸）和逐利化（成为营利机构）的倾向，最终非营利组织的目标发生变化，公信力也会大打折扣。

萨拉蒙认为，非营利组织能有效弥补政府失灵和合约失灵的职能缺位。在服务公益方面，非营利组织具有比政府更加灵活的优势，能够有的放矢，有针对性地为不同需求群体提供服务，能快速地在较小范围内开展活动，等等。萨拉蒙"志愿失灵"理论给我们最大的启发就是，非营利组织在提供公共产品和服务方面具有特殊作用，应该充分发挥非营利组织的主体作用。因此，政府应通过立法和税收优惠等途径，大力支持非营利组织发展，并与其合作，以最大化满足公民的公共服务需求。

第三节　资源依赖理论

资源依赖理论形成于 20 世纪 70 年代，主要代表人物是美国学者杰弗里·菲佛和杰勒尔德·R. 萨兰基克。他们在《组织的外部控制》

一书中，提出了资源依赖理论的基本假设，即组织为了生存和发展就必须要得资源；现实中任何组织获得资源都不能完全靠自给，需要与外部环境进行资源交换；与外部环境进行资源交换需要组织具有足够的能力，能够有效控制自身与外部环境之间存在的联系。其中核心假设是，没有组织是靠自给来维持生存的，所有组织都需要与环境进行交换以获得所需要的资源。而三个方面的关键因素决定了组织对资源的依赖程度。一是重要性即资源对组织生存的重要性；二是竞争性即组织内部或外部一个特定群体获取或使用资源的程度；三是稀缺性也即替代资源来源的存在程度。

我们可以从两个方面来进一步表述资源依赖理论所包含的核心观点。第一，组织与外部环境之间互相作用互相依存。因为组织本身无法提供维持其运行所需要的多种不同资源，与外部环境进行资源交换就成为必然。这种组织间的资源依赖会导致其他组织对特定组织的外部控制，并进一步影响组织内部的权力安排。第二，外部控制和内部权力安排为组织行为的产生创造了条件，进而导致摆脱外部依赖、维持组织自治的组织行为。一个组织要想获得良性、健康、持久的发展，最重要的因素就是如何降低对关键资源的外部依赖程度，确保关键资源的供应能够稳定并持续。

资源依赖理论分析了组织与环境之间的相互依赖关系，为了更好地选择环境和适应环境，组织会采取多种方式改变自己。当然，资源依赖理论在承认组织对外部环境存在依赖性的同时，强调要通过对环境的主观选择等方式充分发挥组织的能动性和自主性。

第四节 新制度主义理论

1984 年，马奇和奥尔森在《新制度主义：政治生活中的组织因素》一文中提出："用'新制度主义'观点来看待政治生活，重新复兴制度分析的作用。"新制度主义强烈反对把行为作为解释"所有政府现象"的基础，其主要理论观点有以下几点。

第一，现实生活中人们的行为总会受到制度的约束。制度包括正式层面的制度和非正式层面的制度。正式层面的制度是由国家权威部门制定的各项法律、法规、规则（比如宪法、具体的法律法规），它由国家强制力保障实施，具有强制性和稳定性。非正式层面的制度则是社会发展和演化过程中日积月累逐渐形成的，主要表现为不依赖于人们的主观意志的文化传统和习俗，包括风俗、习惯、伦理、意识形态等。尽管非正式制度不如正式制度那样具有强制性的约束力，但它对个体的影响是潜移默化的、长期的。一个健全的社会制度必须满足两个条件，一是正式制度完整、全面、科学；二是正式制度能够与非正式制度和谐相处、彼此协调。因为正式制度要充分发挥作用，就必须与非正式制度和谐相处；否则，正式制度将会受到抵触和阻碍。

第二，制度也制约组织行为。新制度经济学代表人物威廉姆森（Oliver Eaton Williamson）认为："自私是人的本性，因此，只要一有机会，人们就会损人利己。譬如，在经济活动中人们总是尽最大能力（甚至损害他人利益）保护和增加自己的利益。"他指出，损人利己的行为有两类，一类是在追求自我利益的时候，"附带地"损害了他人的利益；另一类则纯粹是以损人利己为手段为自己谋利，如坑蒙拐骗、偷窃。① 可见，这种机会主义行为会使社会经济活动处于混乱无序的状态，不利于社会的有序发展。因此，要保障社会的和谐有序就需要制度来对机会主义行为加以约束。因此，组织的发展就面临着技术环境和制度环境。技术环境强调组织追求效率，追求利益的最大化，与此相反，制度环境则要求组织必须遵循"合法性"机制。技术环境与制度环境通常是相互矛盾的。

第三，制度变迁常常存在路径依赖。所谓制度变迁的路径依赖指的是在制度的发展演进中，它一旦选择了某种技术发展和演进方向，就可能会一直沿着这个方向变迁，而且很难转换到另一个方向。制度变迁中之所以容易产生路径依赖主要源于制度变迁过程中的规模效应、学习效应、协调效应，以及适应效应性预期。也就是说，在进行制度设计时人们更倾向于对原有制度进行修补，而不愿意消耗更多的资源去建立一种全新的制度，除非原有的制度损害了大多数人的利益。

新制度主义认为制度不仅影响人类行为，也制约组织行为；衡量一个社会制度是否完善，除了要看正式制度是否健全，还要看正式制度与非正式制度是否协调；而制度的变迁存在路径依赖。这些观点对我们探究我国慈善组织发展的制度环境有很大的启示。

第五节 文化制约理论

关于文化因素对慈善组织的影响学者们做了多方面的探究。有学

---

① ［美］奥利弗·E. 威廉姆森：《资本主义经济制度》，段毅才、王伟译，商务印书馆2002 年版，第700—720 页。

者基于历史文化传统的视角，深刻阐释了宗教文化对非营利组织的影响，他们认为宗教文化是非营利组织产生的重要根源。这一观点的主要代表有德国社会学家马克斯·韦伯和日裔美籍知名政治学家弗朗西斯·福山。马克斯·韦伯在其《新教伦理与资本主义精神》一书中分析了新教伦理与资本主义精神萌芽并发展的关系，认为以完成上帝所赋予个人的义务为天职的新教伦理对世俗活动具有重要的道德意义，有利于促进资本主义精神的萌芽和发展，一些与宗教观念相关的经济伦理和社会结构不断建立起来，这种宗教传统是非营利组织产生的重要根源。[①] 弗朗西斯·福山在其《信任：社会美德与创造经济繁荣》一书中也有类似的观点，他认为美国的社团主义和清教文化传统有着密切的关联。基督教新教的宗教伦理观念，也就是新教伦理，促进了美国社团主义的产生，社团主义文化增强了人们之间的信任感，在这种高度信任的基础上，大规模的社会团体不断成立和发展，实现了资本主义经济繁荣。[②] 在这些学者看来，宗教团体宣扬慈善捐赠和多行善事，在资源、规模方面能够得到众多信徒的强大声援，到一定程度就自然而然地发展成为非营利组织。

　　同时，还有一些学者从文化交流、文化传播的角度，分析了文化因素对非营利组织发展的影响。他们提出，不断加快的经济全球化进程使世界范围内不同文化之间的交流、渗透和融合也不断加强，这就促使文化不断多元化，在多元化的文化氛围中，社会公众提出了日益

---

　　① ［德］马克斯·韦伯：《新教伦理与资本主义精神》，简惠美、康乐译，广西师范大学出版社 2010 年版，第 1—414 页。

　　② ［美］弗朗西斯·福山：《信任：社会美德与创造经济繁荣》，彭志华译，海南出版社 2001 年版，第 230—360 页。

多样化的公共服务需求，而政府无法很好地满足公众这种日趋多样化的需求，这就为非营利组织进入公共领域发挥作用提供了可能性。美国学者詹姆斯·奥斯汀（James Austin）1987 年通过对美国、荷兰和比利时等国家非营利组织发展状况的实证研究发现，这些国家的文化多样性使这些国家的民众产生了多样化的社会需求，为了满足各种各样的公共服务需求，非营利组织在这些国家大量涌现。[1]

慈善组织的产生、发展除了受制于正式制度外，还受到非正式制度的影响。文化因素影响理论与新制度主义理论的理论观点都阐明了这一点。

---

① 刘春湘、李自如：《国外非营利组织研究述评》，《中南大学学报》2006 年第 5 期。

第三章　研究设计

要分析我国制度环境对慈善组织发展的影响，首先要对慈善组织、制度、制度环境等概念有一个清晰的认识。本章在对慈善组织、制度、制度环境等核心概念进行科学界定的基础上，把自变量——"制度环境"操作化为正式制度和非正式制度两个主要维度，把因变量——"慈善组织发展"操作化为社会认同度、资源获取能力和参与公共服务的积极性三个主要维度。据此，本书提出了两个基本研究假设。

第一节　核心概念

一　慈善组织

慈善组织这一概念是个舶来品，不同的国家其称谓有所不同，对慈善组织的定义也不一样。如在英国慈善组织叫公益组织或公共慈善组织，德国叫志愿组织，美国叫非营利组织，法国称之为社会经济，而日本则称之为公益法人。[①] 英国 2011 年颁布实施的《英国慈善法》

---

① 韩丽欣：《我国慈善组织治理法治化研究》，博士学位论文，吉林大学，2014 年。

第一条规定："慈善组织是仅仅为慈善目的而设立的并从属于最高法院管辖的组织。"① 其中，慈善事业的目的主要有"扶贫济困、推动教育进步、促进环境保护、保护人权、推进公民或社区进步、照顾年幼年老残疾人和任何惠及社区的其他目的等等"。美国关于慈善组织的界定则体现在其税法中，美国税法明确规定，慈善组织是收入无须交税而且其捐助者可以基于捐款而获得税收减免的组织。在新西兰，《慈善法》规定："慈善组织是基于慈善目的而存在，并且该组织的收入是为了慈善目的而不是为了任何自然人的私人利益。"② 可见，尽管世界各国对慈善组织有着不同的定义，但是都表明了慈善组织具有民间性、非营利性和公益性等特征。

在我国，按照《慈善法》规定，慈善组织"是指依法成立、符合本法规定，以面向社会开展慈善活动为宗旨的非营利性组织"③。关于慈善活动，《慈善法》第三条也有明确规定，慈善活动是指"自然人、法人和其他组织以捐赠财产或者提供服务等方式，自愿开展的下列公益活动：（一）扶贫、济困；（二）扶老、救孤、恤病、助残、优抚；（三）救助自然灾害、事故灾难和公共卫生事件等突发事件造成的损害；（四）促进教育、科学、文化、卫生、体育等事业的发展；（五）防治污染和其他公害，保护和改善生态环境；（六）符合本法规定的其他公益活动"④。因此，在本书中，慈善组织指的是符合我国《慈善法》规定的一切组织。

---

① 杨道波等译校著：《国外慈善法译汇》，中国政法大学出版社 2011 年版，第 2 页。
② 杨道波等译校著：《国外慈善法译汇》，中国政法大学出版社 2011 年版，第 297 页。
③ 《中华人民共和国慈善法》，中国法制出版社 2023 年版，第 18—19 页。
④ 《中华人民共和国慈善法》，中国法制出版社 2023 年版，第 18—19 页。

慈善组织本身不是一种独立的社会组织形式，也不是一种新型的社会组织，而是以现有的三种社会组织类型即基金会、社会团体和私营非企业单位为基础，从慈善目的的角度，根据有关慈善组织规定的条件来确定组织的性质，符合条件的就是慈善组织。也就是说，慈善组织可以采取基金会、社会团体和私营非企业单位三种形式，但并不是所有的基金会、社会团体和私营非企业单位都是慈善组织。其中，基金会包括公募基金会和非公募基金会，社会团体主要有协会、学会、研究会、促进会、联合会、校友会等类型，而社会服务机构有非营利性的民办教育机构、民办医疗机构、社工服务机构等。

二　制度与制度环境

制度是多学科共同关注的一个焦点，不同的学者站在各自的学科角度对制度的概念有不同的界定。康芒斯认为："制度是无组织的习俗和有组织的机构，如家庭、公司、工会等的集体行动对个体行动的控制。"① 在康芒斯看来，制度是组织对个体行为的制约。舒尔茨把制度等同于行为规则，他指出："一种行为规则，这些规则涉及社会、政治以及经济行为。例如，它们包括管束结婚与离婚的规则，支配政治权力的配置与使用的宪法中所内含的规则，以及确立市场资本主义或政府来分配资源与收入的规则。"② 我国学者孙本文认为，制度是社会公认的比较复杂而又系统的行为规则。这些界定从不同角度反映了制度的某种规定性，能够帮助我们更好地认识制度的存在基础与本质。我们认

---

① 王凯：《非正式保险制度研究》，博士学位论文，西南财经大学，2005 年。
② ［美］科斯等：《财产权利与制度变迁——产权学派与新制度学派译文集》，上海三联书店 2014 年版，第 253 页。

为，制度是在一定物质生产基础上形成的规定社会关系、制约社会行动的具有普遍性和稳定性的规则。制度包括正式制度和非正式制度。正式制度是经过人们的理性思考、分析论证，经由组织制定而形成的制度，主要包括各种成文的法律、政策、法规契约等，它对人们产生强有力的正式约束作用。非正式制度则是人们在日常生活中日积月累逐渐形成的行动规则，主要包括各种习俗习惯、道德伦理、文化传统、价值观念、意识形态等，它具有非正式约束的作用。[①]

关于制度环境，以诺思为代表的制度经济学派认为制度环境中存在正式约束与非正式约束，他们因此将制度划分为管制性、规范性和认知性三大支柱系统。在此基础上，Peng 等将制度分为正式制度与非正式制度两个维度，并指出："正式制度以管制为支柱，包括法律、管制和规则，是管制性系统；非正式制度以规范和认知为支柱，包括规范、文化和道德，是规范性系统与认知性系统。"[②] 借鉴制度经济学派的理论观点，国内有学者指出："社会组织的制度环境不仅包括影响社会组织运营和发展的宪法秩序和规范性行为准则等正式规则，还包括其他能够影响社会组织运营和发展的相关制度安排，这主要指的是非正式的规则。"[③] 陈成文则将社会组织的制度环境界定为："国家用以规范社会组织行为和活动的正式制度和非正式制度的统称。"[④] 本书中

---

① 陈成文、黄诚：《论优化制度环境与激发社会组织活力》，《贵州师范大学学报》（社会科学版）2016 年第 1 期。

② W. Peng, Sunny Li Sun, Brian Pinkham, Hao Chen, "The Institution – Based View as a Third Leg for a Strategy Tripod", *Academy of Management Perspectives*, Vol. 23, No. 3, 2009.

③ 张杰：《我国社会组织发展制度环境析论》，《广东社会科学》2014 年第 2 期。

④ 陈成文、黄诚：《论优化制度环境与激发社会组织活力》，《贵州师范大学学报》（社会科学版）2016 年第 1 期。

的制度环境指的是影响慈善组织发展和运行的各种制度与规则，它包括正式制度和非正式制度。

第二节 变量界定

一 因变量——慈善组织的发展状况

本书主要用社会认同度、资源获取能力和参与公共服务的积极性三个维度来测量慈善组织的发展状况。社会认同度指的是政府和社会公众对慈善组织的认可度、信任度和满意度，主要从合法性、诚信度、公信力、服务能力、使命感和组织工作人员的职业道德六个方面来测量；社会认同度是测量慈善组织发展状况的基础性指标，是公益慈善组织公信力的具体体现。资源获取能力是慈善组织发展状况的重要测量指标，一个社会组织开展各种组织活动均以获得资源为前提。本书主要从"年度总收入""承接项目的数目"和"项目收入"三个方面来测量。参与公共服务积极性是慈善组织实现自己宗旨所体现出的综合能力，主要从"服务频率""服务规模"和"服务程度"三个方面来测量。"服务频率"指的是慈善组织在一段时间内参与社会公共服务的次数；"服务规模"指的是慈善组织在一定时间内向公众提供的社会公共服务的数量；"服务程度"指的是慈善组织在参与公共服务中的角色位置及其嵌入深度，即是作为政府提供服务的附庸还是作为政府提供服务的平等合作者，是活动的组织者还是活动的参与者。慈善组织参与公共服务的频率越高、提供的社会公共服务数量越大，说明其参与公共服务的积极性越高；慈善组织参与公共服务的角色位置越重要、嵌入深度越深，说明其参与公共服务的积极性越高。

二　自变量——制度环境

根据前文的界定，制度环境指的是影响慈善组织发展和运行的各种制度与规则，它包括正式制度和非正式制度。而正式制度是指人们有意识建立起来并以正式方式加以确定的各种制度安排，如各种成文的法律、法规、政策、规章、契约等。通过实地调研发现，影响慈善组织发展和运行的正式制度主要有登记注册制度、监督管理制度、财税支持制度和人才培育制度四个方面。其中，登记注册制度可以具体操作化为准入制度合理性和审批手续简便性两个指标；监督管理制度可以具体操作化为培育孵化制度、信息公开制度、评估制度、年检制度、惩处制度五个指标；财税支持制度可以具体操作化为税收优惠政策、资金筹集制度、项目购买制度三个指标；人才培育制度可以具体操作化为人才培养培训制度和人才评优、晋职、流动制度两个指标。非正式制度是指人们在长期的社会生活中日积月累慢慢形成的习惯习俗、伦理道德、文化传统、价值观念、意识形态等对人们行为产生非正式约束的规则。本书将非正式制度分为"决策参与""人文环境""交流合作""接受程度"四个方面，具体操作化为"当地政府接纳慈善组织参与相关决策""当地的社会人文环境有利于慈善组织发展""慈善组织与政府、企业的合作越来越多""慈善组织被越来越多的人所接受"四个具体指标。

第三节　研究假设

制度环境与慈善组织发展是息息相关的。在变量界定的基础上，本书做出了以下两个假设。一是正式制度对慈善组织的社会认同度、资源获取能力和参与公共服务的积极性有显著的影响，即登记注册制度、监督管理制度、财税支持制度和人才培育制度等对慈善组织的社会认同度、资源获取能力和参与公共服务的积极性均有显著的影响；二是非正式制度对慈善组织的社会认同度、资源获取能力和参与公共服务的积极性也有显著的影响，即"决策参与""人文环境""交流合作""接受程度"对慈善组织的社会认同度、资源获取能力和参与公共服务的积极性均有显著的影响。

一　正式制度

慈善组织的社会认同度是指政府和公众对社会组织的认可度、信任度和满意度。有学者指出："慈善组织的合法性地位是其获得政府和公众社会认同的最基本底线。根据当前我国相关法律法规规定，只有在民政部门登记注册获得法人资格的慈善组织才能以社会组织名义开展活动，为社会和公众提供公共产品和服务。"[①] 可见，登记注册制度对于慈善组织获得社会认同具有重要影响。同时，金蕾提出："政府部门对社会组织提供资金、技术、知识、信息以及保障自主空间等诸多形式的政策支持，这些支持都将不需通过设置中间环节直接作用于组织。"[②] 根据资源依赖理论的观点，一个组织由于无法产生自身所需要的所有资源，为了维持生存，执行任务，实现发展，组织需要与

---

① 陈成文、黄诚：《论优化制度环境与激发社会组织活力》，《贵州师范大学学报》（社会科学版）2016 年第 1 期。

② 金蕾：《制度环境、社会资本对社区社会组织有效性的影响及其作用机制》，博士学位论文，浙江大学，2017 年。

外部环境的其他组织开展联结互动，获取所需要的资源。社会组织在相对宽松的制度环境下，将有更多机会得到更加丰富的资源，有利于开展一系列战略活动，从而提高组织的经营绩效。因此，只有提升政府的支持力度，慈善组织才能有更大的运作空间，才能更好地获取资源，进而为社会提供更好的公共产品和服务。基于此，本书提出以下假设。

假设 1：正式制度对慈善组织的社会认同度、资源获取能力和参与公共服务的积极性均有显著的影响。

二　非正式制度

国内外学者对非正式制度与慈善组织的关系做过一些探讨，如李静、赵杏梓等指出价值认同和社会道德等非正式制度规范同样制约着我国慈善组织的发展。Gjolberg 发现市民文化传统越流行，企业社会责任得分也越高。发达国家慈善事业的发展也表明，积极的公益氛围、浓郁的慈善文化环境、公众对慈善事业的认同和支持参与对促进慈善组织的发展有着重要的作用。有资料表明，美国 "2018 年捐款总额：4277.1 亿美元；来源企业的捐赠 5%，略高于 2017 年的 4%；遗产捐赠仍占捐赠总额的 9%；基金会捐赠在总体捐赠中所占比例增加（2018 年为 18%，2017 年为 17%）；个人捐赠从 2017 年的 70% 下降到 2018 年的 68%，这是自 1954 年以来个人捐赠首次低于总捐赠数额的 70%"①。基于此，提出以下假设。

---

① 《美国施惠基金会发布 2018 美国捐款总额：4277.1 亿美元》，搜狐网，2019 年 6 月 27 日，https://www.sohu.com/a/323467378_733114，2019 年 8 月 20 日。

假设2：非正式制度对慈善组织的社会认同度、资源获取能力和参与公共服务的积极性均有显著的影响。

第四节 资料来源与样本概况

本书的资料数据来源于在上海市、湖南省和云南省开展的问卷调查。此次调查对象为慈善机构的负责人及其工作人员。调查样本采取非概率随机抽样的方法获取。调查总计发放1200份问卷，回收有效问卷1183份，有效回收率为98.6%。其中，湖南省368份（占31.1%），云南省465份（占39.3%），上海市350份（占29.6%）。在进行问卷调查的同时，还分别访谈了三个调查地点的五个（共15个）慈善组织负责人。调查涉及的慈善组织情况见表3-1、表3-2、表3-3。

表3-1　　　　　　　　　您的组织资产规模

	资产规模	频率	百分比（%）	有效百分比（%）	累积百分比（%）
有效	30万元以下	714	60.4	60.4	60.4
	30万—100万元	253	21.4	21.4	81.8
	100万—500万元	140	11.8	11.9	93.7
	500万元以上	75	6.3	6.3	100.0
	合计	1182	99.9	100.0	—
缺失	系统	1	0.1	—	—
合计		1183	100.0	—	—

表3-2   您所在组织每年的总收入与总支出之间的关系

收支关系		频率	百分比(%)	有效百分比(%)	累积百分比(%)
有效	略有盈余	373	31.5	31.6	31.6
	基本持平	521	44.0	44.0	75.6
	亏损	288	24.3	24.4	100.0
	合计	1182	99.8	100.0	—
缺失	系统	1	0.1	—	—
合计		1183	100.0	—	—

表3-3   您所在组织的活力

组织活力		频率	百分比(%)	有效百分比(%)	累积百分比(%)
有效	好	514	43.4	43.5	43.5
	一般	565	47.8	47.8	91.3
	差	103	8.7	8.7	100.0
	合计	1182	99.9	100.0	—
缺失	系统	1	0.1	—	—
合计		1183	100.0	—	—

从上面三个表我们可以得知，在规模方面，组织资产规模大多在100万以下，其中30万以下的占60.4%，30万—100万的占21.4%；组织人员（因为组织成员人数的极差很大，这里没有提供统计表）多在60人以内，其中不超过25人的占70.1%，25—60人的占11.5%，超过100人的占14%。在经营管理方面，75.6%的慈善组织是基本持平和略有盈余，24.4%的慈善组织处于亏损；47.8%的慈善组织组织活力一般，43.5%的组织活力好。

调查资料收回后，利用SPSS 20.0软件对其进行了分析处理。

第四章　慈善组织发展的制度环境结构

　　慈善组织发展的广度、深度和效度，不仅与慈善组织的参与能力高低、参与意愿大小有关，而且与其参与渠道是否通畅，参与途径是否顺畅紧密相关，而后者更多受慈善组织的制度环境的影响。制度因素在慈善组织发展中扮演了重要角色，良好的制度环境为慈善组织发展提供了重要的社会条件和资源支撑。反之，不良的制度环境则会成为慈善组织发展的屏障和阻碍。因此，立足于现实环境，科学分析慈善组织发展的制度环境结构，是推进慈善组织发展的重要现实课题。

第一节　制度环境的基本结构分析

　　影响我国慈善组织发展的因素很多，既有历史原因，也有现实因素。但综合来看，制度已经成为一种不可忽视的重要影响因素，制度供给的不足已经构成慈善组织参与社会治理的阻碍性因素。如何打破制度瓶颈，增加制度供给，优化制度安排，已经成为推动慈善组织发展的必要举措。要对慈善组织的制度环境进行分析，就必须从理论上对制度结构的内涵与外延进行讨论。

一 制度释义

（一）制度的内涵

作为社会运行机制的重要构件，制度一般是指维持社会运行和维护社会秩序的规则体系。作为一种规则体系，它是由社会中的人或组织在互动中生产并形成的；作为一种制度，它是一种公共物品，对制度下的主体有规范效应，约束行为主体朝着社会所期待的方向和运行；作为一种社会建制，它构成了一个社会的基本秩序，确立了社会中的各种关系，并满足了社会有机体的功能需要。同时，制度描述既可以是具体的，也可以是抽象的。就具体描述而言，往往针对某一人群、某一问题、某一现象形成特定的制度，如家庭制度、婚姻制度、儿童福利制度等。但在社会科学领域，制度往往是一个抽象的概念，制度结构难以进行量化分析是普遍共识，也是一个难题。尽管如此，制度分析依然是社会科学界认识和研究社会的重要途径，制度与人类行为的关系以及制度如何影响人类行为仍旧是各界关注的重要话题。我们发现，不同的学科视角对制度的内涵界定会有所差异，尽管如此，制度对社会运行的重要性仍不言而喻，它是一种规则的集合，是社会经济系统的重要基础。

（二）制度的基本要素

制度是人类互动的结果，属于社会建构的一部分。制度得以形成并发挥作用，和其构成的基本要素相关。一般认为，其构成要素包括四个方面，即价值观与价值判断、行为规则与奖惩体系、组织设置和权力体系。[①] 制度是基于价值判断而形成的，从这个意义上说，价值观与价值判断是制度产生的基础。制度透过自身的价值取向，引导社会成员做出制度所预期的行为。因此，一项制度的产生与制定者的价值理念紧密相关。行为规则与奖惩体系是制度得以发挥作用的核心要素，通过这些规则与体系对社会成员的行为进行引导、影响、规范和约束，方能实现制度目标。组织设置是制度得以有效运行的条件与媒介，制度要依靠组织机构来推行和实施，相关机构与组织的有机组合和优化设置是制度有效推行的重要保证。权力体系是保证制度制定和推行的必要力量，这里的权力既包括强势的社会力量，也包括社会权威，如家族权威、长者权威等，也包括社会权力，即习俗和道德规范等非正式制度背后的社会力量。总而言之，制度是一套复杂的规则体系，唯有透视其运作机理和运行逻辑，才能有效厘清制度之本质和内涵。

（三）制度的类型

人类社会的复杂性和人类行为的多样性特征决定了制度的复杂性和多样性。制度作为一系列规则的集合，根据违反制度之影响是否具有外部性可以将制度分为个体规则和社会规则。其中个体规则中的个体既可以是个人，也可以是组织，个体是否遵守制度只会影响到本身的福利，而不涉及本身之外主体的福利，也就是其影响不具有外部性。社会规范则与之相反，各社会主体对制度的遵守与否直接影响到其他主体的福利，也即其影响具有外部性。个体规则进一步又可以分为个体规定和个体习惯，前者具有自我强制性特点，后者具有非强制性

① 郑杭生主编：《社会学概论新修》，中国人民大学出版社 2014 年版，第 254—259 页。

特点。制度还可以分为强制性规则和非强制性规则，包括政府制定的各项规章制度，行业领域内部形成的某种行业规则以及公众舆论与道德规范强制实现的习俗。相对于非强制性规则，我们更关注强制性规则。[①]

（四）制度的作用

制度会对行动者的行为起到规范性作用。具体而言，制度会以禁止性规范与指导性规范、同一性规范与分离性规范[②]作用于具体行动，以达到制度的预期目标。制度会对行动者产生特定的激励结构，当激励结构为鼓励性结构时，行动者的行为会朝着制度的预期目标发展；而当激励结构为非鼓励结构时，行动者则会采取相应策略以免自身受到伤害。[③]在实际生活中，制度往往成为社会主体间进行社会互动的重要条件，为各主体有效参与社会互动提供坚实基础，并能够降低由于缺乏社会信任而产生的交往成本。但由于人类环境总是在不断变化，原有的制度并非一直能够发挥正向作用，即促进社会主体间的良性交往，这时就需要制度创新。制度创新是社会行动者主动建构的过程，通过修订、完善、创立等方式形成新制度，以促进社会活动的有效运行。从这种意义上来说，制度有可能会产生阻碍社会发展的副作用，成为社会行动有效参与社会经济生活的绊脚石。因此，不断地考察和审视制度的作用及功能进而推进制度创新和发展同样是一个社会的重

---

① 张旭昆：《制度的定义与分类》，《浙江社会科学》2002 年第 6 期。

② ［美］科尔曼：《社会理论的基础》上，邓方译，社会科学文献出版社 1999 年版，第 381 页。

③ 宋雄伟：《社会组织参与城市社区治理的制度与行动策略》，《江苏社会科学》2019 年第 2 期。

要任务。

透过前述有关制度的概述不难发现，关于制度的研究由来已久。从学科来看，社会学、政治学和经济学已构成了当下制度研究中的"铁三角"，它们分别从各自的学科视野赋予制度不同含义和发展路径。从三个学科视角梳理制度以及与制度主义有关的问题对理解制度起源、制度概念与类型、制度地位与作用、制度变迁具有重要的意义。

（五）制度的合法性

组织的产生、发展与衰亡，组织形式和行为活动以及组织间关系，都取决于一个社会的特定制度。组织与制度发生联系的一个重要渠道是合法性。对于组织而言，组织合法性原则高于效率原则，它是组织能够存在的前提。合法性表明某一事物具有被承认、被认可、被接受的基础。斯科特指出制度由规制性、规范性和文化—认知三个基础性要素构成，规制性要素包括法律、法规、契约等，它借助强制机制，对成员行为发挥制约、规制、调节作用；规范性要素包括价值观、社会规范等，借助规范机制，对成员行为发挥评价和引导作用；文化—认知要素包括文化现象，借助模仿机制，成员通过认知和理解内化为个体的行为模式。[①] 由此来看，制度合法性主要指规制、规范与认知三个层面的合法性。如前所述，制度合法性机制对组织行为产生的影响，可以从强意义与弱意义两个层次进行探讨。本书从弱意义层次探讨制度的合法性机制，即制度对社会组织参与社会治理的影响不是决定性

---

① ［美］W. 理查德·斯科特：《制度与组织：思想观念与物质利益》，姚伟、王黎芳译，中国人民大学出版社2010年版，第55—65页。

的，而是概率性的。组织不是制度的"傀儡"，相反，组织由具有能动性的成员所构成，能够采取高度策略化的行动来"适应"制度。

二 不同学科视角中的制度主义

（一）社会学视野中的制度主义

社会学视角中，制度倾向于用来指称各种容纳人们的组织，或是涉及广泛的或大范围的实体，它们处置社会关注的主要利益和问题——家庭、法律、国家和教会。① 从社会学发展史来看，关于制度产生了较为丰富而积极的研究成果，如古典时期的斯宾塞、迪尔凯姆、韦伯，当代的帕森斯、现代的吉登斯等社会学家均有丰富的制度研究成果。古典社会学关于社会制度的研究有两种不同的取向，一是以斯宾塞、迪尔凯姆为代表的功能主义传统。功能主义将社会制度看作社会结构的组成部分，通过制度组织起必要的社会活动，满足社会需要。社会制度以其持久性组织、群体或惯例的形式，使社会生活主要领域获得整合、秩序和稳定的高度的社会承诺，这些形式为社会关系和利益的明确化提供了人们所认可的程序与形式。② 因此，社会制度维持着社会结构与社会秩序的稳定。然而，功能学派似乎对制度的来源不感兴趣，同时，它过于强调制度对于个体的控制与约束。社会制度作为一种社会控制机制，它塑造着人们的思维、态度与行动，简单地说，制度就是种种行为模式，它们在历史进程中持续下来并且具体化。于

---

① 杨立华、杨爱华：《三种视野中的制度概念辨析》，《中国人民大学学报》2004 年第 2 期。

② ［英］亚当·库帕、杰西卡·库帕：《社会科学百科全书》，上海译文出版社 1989 年版，第 361 页。

是，社会活动或行为模式或多或少制度化了，那就是达到了程度不等的正式化，并包含了价值和情感依恋的融合，以及由此而来的抵制变迁和保存制度趋向的融合。① 二是以韦伯为代表的行动主义传统。韦伯认为制度就是一种社会关系的意义内容，因此，他认为制度指的是一种社会行为发生的根据、准则，社会行为是以制度为取向的。制度对于个体行为具有约束力，但是，不同于功能学派将制度视为外在于个体的存在，并对个体行为产生强制性约束，他认为制度是一种人们能够理解的社会关系的意义内容。韦伯还进一步研究了制度的具体形式及其相互关系。在他看来，习惯、习俗、惯例以及法律都是制度的具体形式，其间还互相转化、互相过渡。②

对于制度研究的两种取向，反映了社会学的基本矛盾，即关于社会结构与个人行动之间的矛盾。吉登斯则企图克服结构与能动、客观与主观、微观与宏观的二元对立，建立"二重性"的结构化理论。结构的"二重性"表现为以下两方面。一方面，社会结构对人的行动发挥制约作用，充当着前提和中介的角色，保障个人行动得以进行；另一方面，行动者的行动不仅使结构得以维系，而且也使结构不断发生改变。行动与结构之间这种相互依存、相互作用的辩证关系体现在处于时空之中的社会实践中。吉登斯关于制度的理解等同于他关于结构的理解。由于制度离不开实践，具有时空普遍性的持续的实践特性，因此，我们要从实践角度入手去理解制度。制度与行动密不可分，相互交织，而结构化便是制度制约行动和行动创造制度的方式。

---

① ［英］亚当·库帕、杰西卡·库帕：《社会科学百科全书》，上海译文出版社 1989 年版，第 367 页。

② 董才生：《论制度社会学在当代的建构》，《江苏社会科学》2006 年第 3 期。

吉登斯进一步研究了制度类型，他将规则分为表意性规则、规范性规则（合法化规则）、支配性规则，其中，表意性规则同语言符号的结合形成了符号秩序和话语形态，规范性规则或合法性规则通过条文化的方式形成法律制度，而支配性规则与配置性资源结合起来，最终形成经济制度，当它同权威性资源结合起来时则构成政治制度，如此，社会制度划分为符号秩序和话语形态、法律制度、经济制度、政治制度。

（二）经济学视野中的制度主义

在西方，经济学中的传统制度主义一直是作为一个主要异端而存在的，它抨击"经济人"概念并企图寻找一种替代经济人的解释，其分支主要有两个——一个发源于凡勃伦经由艾尔斯发扬光大；另一个则发源于康芒斯。凡勃伦认为，人会在本能行为的基础上形成思想、累积习惯，而制度就是这种思想和习惯的产物。制度演进则是"思想习惯的适应"。而康芒斯的制度定义是非常宽泛的，"所谓的制度，是自家族、有限公司、工会等乃至国家，具有使其运转的行为准则的营运企业……制度是控制个人活动的集体行动"[①]。凡勃伦—康芒斯传统的制度经济学被称为"旧制度经济学"，而新制度经济学由科斯创建，除了他之外，还包括威廉姆森、舒尔茨、张五常、诺思等代表人物。新制度经济学热衷于将制度作为重要的变量纳入分析，探究制度在经济体系中的地位和作用，其理论内容主要包括交易费用理论、产权理论、制度供需和均衡理论、制度变迁理论等。

---

① ［美］康芒斯:《制度经济学》上卷，于树生译，商务印书馆1998年版，第87—89页。

同社会学一样，新制度经济学对于制度的理解并未达成一致。舒尔茨认为制度是一种行为规则，它涉及社会、政治及经济行为。① 查尔斯·林德布洛姆在《政治与市场：世界的政治—经济制度》一书中，将立法机构、监狱、研究单位、军队、国民收入统计、企业、契约合同、联合国和经互会一类的国家组织、市政环保局等都算作制度。可见，制度既包括规则，也包括组织或结构。诺思作为唯一一位给制度下了定义的新制度经济学家，他认为，"制度是一个社会的博弈规则，或者更规范地说，它们是一些人为设计的、型塑人们互动关系的约束"②。制度包括主要表现为法律法令、规章条例、合约的正式规则和以习俗、惯例、行为准则、规范呈现出来的非正式规则，以及这二者之间的互动强制。同时，他认为，必须将制度与组织分离开来，组织扮演着"游戏"参与者的角色，是具有实现目标的共同意图约束的集团；制度是由人创造的，用以限制组织成员相互交流、交往行为的框架。从制度变迁的角度来看，制度的变动表现为组织改变社会行为准则的活动。因此，"制度创新和制度发展一词将被用于指种特定组织的行为变化；这一组织和环境之间的相互关系的变化；在一种组织的环境中支配行为与相互关系的规则的变化"③。制度影响和制约着组织的活动，但是，组织也可能立足于自身利益而采取与制度不一致的策略行为，而这往往成为改变制度的力量。

———————

① ［美］科斯等：《财产权利与制度变迁——产权学派与新制度学派译文集》，上海三联书店 2014 年版，第 253 页。
② ［美］道格拉斯·C. 诺思：《制度、制度变迁与经济绩效》，杭行译，格致出版社、上海三联书店、上海人民出版社 2014 年版，第 3 页。
③ ［美］科斯等：《财产权利与制度变迁——产权学派与新制度学派译文集》，上海三联书店 2014 年版，第 329 页。

（三）政治学视野中的制度主义

政治学对于制度的关注由来已久，且同样经历了由旧制度主义到新制度主义的走向。早在古希腊时期，柏拉图、亚里士多德等政治学家便致力于城邦（国家）政治体制的研究。亚里士多德就运用制度分析的方法对当时希腊各城邦的政体进行了研究。近现代时期的洛克、卢梭、孟德斯鸠、托克维尔等都特别关注政治制度的研究，长期致力于探讨建立一套市场经济和国家政治发展相适应的政治制度，保障资产阶级革命的胜利果实。随着资产阶级革命的顺利完成，资本主义国家相继建立起了较为完整的政治架构，此时的资本主义国家关注的重点开始转向如何提高政治制度的执行力和运行绩效。于是，行为主义理论于 20 世纪五六十年代盛行起来。与传统政治学重点关注静态的政治制度不同，行为主义者认为人类的心理、态度、利益等行为因素对政治生活的影响更为巨大，因此倡导政治研究要以政治行为为基本分析单位，注重对个体的政治心理和动机的动态分析，注重对政治现象的定量研究。但是，行为主义政治学不仅不能实现最初确立的宏伟学术理想，反而缺陷不断呈现。20 世纪七八十年代，受到经济学界制度研究成就的鼓舞，政治学领域的制度研究再度复兴，与传统的或旧的制度主义相比，新制度主义具有了一些新的特征，如扩展了制度的概念、研究制度的起源及其内在机制、关注制度的变迁及其动力、探讨制度与个人行为之间的互动关系等。

西方政治学界关于新制度主义理论流派的分化达成了共识，但关于流派分化的类型却有不同的认识。其中，彼得·霍尔和罗斯玛丽·C. R. 泰勒将新制度主义划分为历史制度主义、理性选择制度主义和社会学制度主义三个派别，这是最著名的分类。历史制度主义注重以制度为核心来考察历史，以国家、政治制度为中心来分析历史。历史制度主义学派认为制度为正式或非正式的程序、惯例、规范与习俗。历史制度主义运用"算计"和"文化"两条途径来界定制度与个人行为之间的相互关系。算计途径指由于制度为行动者提供了有关其他行动者现在或将来行为的确定性程度，因此个体会选择能够为自身带来利益最大化的方案；文化途径则指由于制度能够为解释和行动提供道德或认知模式，因此个人在选择行动方案时会考虑让自己满意的方案。理性选择制度主义源自对美国国会行为的研究，关注国会的规则如何影响立法者的行为。理性选择制度主义认为制度是社会博弈的规则，该理论假定个人为工具型理性行动者，他基于"算计"采取高度策略性的行动。政治是一系列集体行动的困境，当采取行动是为了最大限度地满足个体偏好时，在集体层面上产生次优的结果的可能性较大。社会学制度主义认为制度不仅包括正式的规则、程序、规范，还包括认知模式、符合系统和道德模板。[①] 社会学制度主义以"文化"途径来界定制度与个人行为之间的相互关系，个人是遵守规范与习俗的行动者，制度对行为的影响不仅仅在于其明确个体应该何为，还在于其为其他行动者未来的行为提供了预期，因此它会影响个体的偏好。同时，从组织层面来看，某种制度被采用的原因在于它提高了组织的社会合法性，而不是在于它提高了组织的效率。有学者认为，历史制度主义更像是政治学视野中的制度主义，理性选择制度主义更像是经济学视野中的制度主义，而社会学制度主义也就更像社会

---

① 朱德米：《新制度主义政治学的兴起》，《复旦学报》（社会科学版）2001 年第 3 期。

学视野中的制度主义。①

三　作为影响慈善组织发展的制度因素

制度作为影响慈善组织发展的重要因素，不仅为慈善组织发展提供了规范指引，而且为实现慈善组织有效参与社会治理提供了外部支撑。具体而言，一方面，制度设置确保慈善组织具有相应资质和匹配能力，如一定的准入资格、完善的治理架构、特殊的监管政策、规范的运营规程等，满足慈善组织发展的目标要求。另一方面，制度配置为慈善组织积极并有效参与社会治理提供有力的制度支持，如慈善组织的合法性地位在制度层面得以确认，在资源获取方面得到的制度性支持，与其他行动者协同运作时得到制度的规范和引导等，优化慈善组织外部环境，为其有效参与社会治理提供良好的制度环境。总之，完善的制度体系是政府与慈善组织合作治理的基本前提。② 对慈善组织来说，良好的制度是规范和保障，它提供了环境支持，确保了资源供给，规范了健康成长。

然而，制度供给不足或不合理也会成为慈善组织发展的屏障和绊脚石。尽管目前我国慈善组织得到了快速的发展，与慈善组织相关的制度安排也在不断地丰富和优化，但慈善组织发展的机会与空间仍旧受限，参与力度和深度仍旧不够，治理效力远远没有展现出来。这既与当前慈善组织能力不强相关，也与慈善组织外在的正式制度与非正

---

① 杨立华、杨爱华：《三种视野中的制度概念辨析》，《中国人民大学学报》2004 年第2 期。

② 倪永贵：《社会治理创新中的政府与慈善组织合作路径探析——以温州市为例》，《北京交通大学学报》（社会科学版）2016 年第4 期。

式制度安排相关。一方面，当前的制度安排未能对慈善组织的价值与角色进行合理的定位与规范；另一方面，当前的制度安排未能提供与慈善组织有效参与社会治理的外部环境。我们可以用"契合度偏差"①来描述，包括一致性契合度偏差和互补性契合度偏差两个方面，前者主要指对慈善组织的价值认识未能契合社会治理的现实需要；后者主要指制度供给未能契合慈善组织发展和参与治理的环境需要。在这一意义上来说，契合度偏差分析是进行影响慈善组织参与社会治理制度因素分析的首要工作。

第二节　慈善组织发展的正式制度环境

正式制度包括政治规则、经济规则和契约，② 是制度制定者有意识地对社会行为进行规范。正式制度一旦确立，就会形成制度刚性，对行为产生深刻影响。③ 正式制度是权力机构有意识的建构，属于成文规范，包括了各项法规政策和规章契约等，具有规范性、强制性和约束性等特点。对慈善组织而言，正式制度既包括了政府部门的相关政策法规，也包括了行业协会制定的相关规章约定，还包括慈善组织制定的各项内部制度。但在当前社会转型的大背景下，政府制定的相关法规政策对慈善组织发展的影响更大，无论是对慈善组织法律地位方面

---

① 陈成文、陈建平：《论慈善组织参与市域社会治理的制度建设》，《湖湘论坛》2020年第1期。

② ［美］道格拉斯·C. 诺思：《制度、制度变迁与经济绩效》，杭行译，格致出版社、上海三联书店、上海人民出版社2014年版，第56页。

③ 黄毅：《对我国地方政府社会管理创新的理论考察》，《武汉科技大学学报》（社会科学版）2012年第6期。

确定规范性的约束，还是对慈善组织自主性方面确保资源的支持与协同环境的建构，都有重要影响。因此，本书立足于这一层面，来分析正式制度环境对慈善组织发展的影响。

一　正式制度与慈善组织的资格准入与地位确立

组织的合法性是慈善组织参与社会生活的前提和条件。当然，这里的合法性不仅指社会合法性，更指一种综合性的法律合法性。前者依赖于社会对慈善组织的认可、肯定与接纳，它的基础来源于地方传统，当地的共同利益和有共识的规则或道理；而后者是一种融社会合法性、行政合法性和政治合法性为一体的合法性，[①] 其显著特征在于慈善组织是否符合法律规定，满足政治和行政期待以及得到社会支持。长期以来，慈善组织登记与否成为判断慈善组织是否合法的硬标准，也成为慈善组织发展的准入门槛。在我国，《慈善法》对慈善组织资格准入和地位确立进行了相关制度规定，在制度层面规范了慈善组织的发展，但是制度落实不力，支持配套政策不到位，关于慈善组织的组织形式与登记管理的具体规定与办法不健全，这种情况与我国推进国家治理体系和治理能力现代化的形势要求不相适应，不能满足慈善组织作为社会主体参与社会治理包括城市社区治理和农村社区治理的需要。

这种不适应的原因可以归结为在现有制度框架下慈善组织极易出现"独立性和自治性缺失"[②] 的状况，慈善组织很难以治理主体身份

---

① 高丙中：《社会团体的合法性问题》，《中国社会科学》2000 年第 2 期。

② 胡琦：《法治与自治：慈善组织参与建构社会治理"新常态"的实现路径》，《探索》2015 年第 5 期。

参与社会治理。所谓独立性缺失是指现行的慈善组织制度体系呈现出行政化倾向，行政力量的过多干预影响了慈善组织的独立运行，在准入制度方面表现得尤为突出。一是它使慈善组织的合法身份很难获得；二是这种制度过于强调准入，而忽视对慈善组织的培育发展和日常监督。目前，慈善组织的直接登记制度较之以前的"双重登记管理制度"更为简单方便，但是实际上每年慈善组织的数量增长依然缓慢，因此，制度如何落实以及进一步完善登记管理的相关办法是接下来需要解决的问题，这样才能真正改变重管理轻权利、重审批轻监督、重行政手段轻经济制约的情况。尽管《慈善法》针对慈善组织做出了"直接向民政部门依法申请登记"的规定，但仍旧没有从根本上改变慈善组织身份独立性和自治性的现状，重程序轻实体、严进宽出的制度理念仍旧没有得到完全改变。

除此之外，慈善组织要取得合法身份，还需要满足一些硬性条件，如需提交会员人数、从业人员资格、场所使用权证明、财产数额、举办人和拟任法定代表人情况等。无论是城市还是乡村，发达地区还是欠发达地区，这些资格条件均一样。这对许多扎根基层社区，尤其是扎根欠发达地区的慈善组织来说仍是一件难事，它们很难在短时间内同时满足以上条件，也就无法获得合法身份参与社区治理。为了改变这一情况，一些地方尝试采用备案制的方法，即在没有获得合法身份之前，先进行备案后开展活动，等条件具备后再进行登记注册的做法。但是，备案制仅是权宜之计，各地做法各有差异，还没有上升到法律制度层面，效力不足。当前制度仍旧延续了"严格管理和限制发展的思路"，相关部门虽然已经认识到慈善组织在社会治理中的重要性，但是担心出现"一放就乱"的情形。可见，关于资格准入与地位确立，现行正式制度的供给不足已经成为影响慈善组织发展的重要因素。

二　正式制度与慈善组织的资源支持与环境建构

完善的正式制度体系是慈善组织发展的重要保障。它为慈善组织深度参与社会治理提供了重要的制度环境，规范了慈善组织的发展方向。在资源支持、激励性政策环境和协同性政策环境的构建方面，制度的支持作用表现得更为明显。

慈善组织支持性环境的建构是伴随着我国政府职能转移而开展的。自 2013 年提出"适合有慈善组织提供的公共服务和解决事项，交由慈善组织承担"以来，政府购买公共服务制度不断完善，无论是购买数量、购买范围，还是购买力度都得到了飞速发展。慈善组织由于政府购买公共服务制度的实施得到了极大的发展。一方面，慈善组织以承接服务项目的方式获取组织资源，缓解了慈善组织资源不足的问题，为组织持续发展提供了重要的资源保障；另一方面，这一制度为慈善组织发展开辟了合法性渠道，为慈善组织参与社会治理提供了极为丰富的机会，推动了多元共治格局的形成。但与此同时，也存在许多不足，具体体现在以下几点。一是政府向慈善组织购买服务制度具有一定的不稳定性。[1] 许多地方还没有完全将购买服务的财政支出纳入常规性的财政预算中，即使有些地方已经纳入财政预算，但其购买范围、购买数量以及购买方式还具有一定的随意性。这种购买服务制度的不稳定性带来的是慈善组织发展的不稳定性，慈善组织很难持续性地深

---

[1]　关信平：《当前我国增强慈善组织活力的制度建构与社会政策分析》，《江苏社会科学》2014 年第 3 期。

入参与地方社会治理。二是在政府购买慈善组织服务的过程中，慈善组织极易出现自主性消减或不足的问题。① 政府购买慈善组织服务经常以项目制形式存在，各参与方理应在一个平等的主体地位的基础上做出选择，但由于我国慈善组织发展的先天不足，其在购买服务的过程中往往处于被动局面，受政府所设定的项目限制，迎合政府需要。这就导致了慈善组织难以根据自己的宗旨使命实现长远发展。三是在资源获取途径比较单一的背景下，慈善组织过于依赖政府部门的资金支持，存在运行风险。四是"培育优先"还是"质量优先"一直是困扰政府购买公共服务制度的两难选择。在当前，如果选择"培育优先"，慈善组织提供的服务质量可能有所折扣；如果选择"质量优先"，可能会形成一些规模性慈善组织的"地区垄断"。总之，政府购买公共服务制度的实施，虽然加速了慈善组织发展的进程，但是由于存在缺陷，也成为慈善组织有效参与社会治理的屏障。

正式制度的支持性环境也体现在激励性和协同性政策的构建上。就激励性政策而言，税收优惠政策在促进慈善组织发展中发挥了重要作用。目前，我国在《慈善法》《公益事业捐赠法》《企业所得税法》《个人所得税法》《关于公益性捐赠支出企业所得税税前结转扣除有关政策的通知》等法律法规中对慈善组织的税收优惠政策进行了规定，这些政策不仅促进了慈善组织数量的增加，而且刺激了慈善捐赠的发展，提升了慈善组织资源获取的能力。尤其是 2016 年《慈善法》的颁布，为慈善组织有序参与社会治理提供了根本的法治保障。但与此同

---

① 陈义平：《慈善组织参与社会治理的主体性发展困境及其解构》，《学术界》2017 年第 2 期。

时，目前的税收激励政策还存在着一些不足，一是税收优惠政策零散分布于多项法规中，未形成统一的慈善组织税收优惠政策体系，其法律规范的效力等级不高，仍有很大的提升空间。二是税收优惠缺乏差异性，难以有效实现激励慈善组织参与社会治理的目的。由于不同慈善组织的服务范围、服务领域以及对公共利益的贡献大小存在差异，需要差异性的税收激励手段，而目前只要是慈善组织，其支出目录符合免税优惠范围，均可享受优惠政策。这种"一刀切"的做法无法发挥税收优惠政策的激励作用，反而会增加慈善组织的不公感，挫伤其参与社会治理的积极性。① 三是税收优惠政策涉及的管理部门较多，程序复杂，缺乏统一的协调部门，慈善组织想获得税收优惠，往往要耗费更多时间和精力。四是对慈善组织免税资格认定复杂，限制较多，很多慈善组织由于无法获得免税资格认定，被挡在了税收优惠政策之外。② 这些问题的存在，使得原本激励性的制度安排在一定程度上阻碍了慈善组织作用的发挥。

与此同时，协同性政策对慈善组织发展也很重要。慈善组织的人才扶持政策、志愿服务政策法规、公益捐赠政策等协同性政策构成了慈善组织重要的制度环境，也是我们需要关注的对象。譬如有关慈善组织的人才扶持政策，尽管《国家中长期人才发展规划纲要（2010—2020年)》提出，"实施鼓励非公有制经济组织、新慈善组织人才发展政策""把非公有制经济组织、新慈善组织人才开发纳入各级政府人才发展规划，制定加强非公有制经济组织、新社会之人才队伍建设意

---

① 陈成文、黄开腾：《制度环境与慈善组织发展：国外经验及其政策借鉴意义》，《探索》2018年第1期。
② 刘俊：《慈善组织税收优惠政策的成效和问题探讨》，《知识经济》2019年第36期。

见"。但是，当前慈善组织人才支持制度的建设仍旧是薄弱的，还存在地方政府重视不够、培养体系未建立、行业准入门槛低、资格认证机制缺乏、激励机制不可持续等问题。① 因此，要优化相关机制，完善支持政策，以吸引更多的人才进入慈善组织。再以志愿服务政策法规为例，我国目前在国家层面有《志愿服务记录办法》和《志愿服务条例》等法规政策，各地也出台了相应的配套政策。但从总体上看，志愿服务的立法层次不高，对志愿服务激励的相关规定不尽统一，社会政策操作性不强，对志愿服务的激励保障力度不够，难以有效激发社会公众参与志愿服务的积极性，间接地影响了慈善组织发展的人力支持。

三　正式制度与慈善组织的监管评估与规范发展

慈善组织有效参与社会治理有赖于慈善组织的规范发展，这需要正式的监管评估制度对慈善组织予以约束。在我国，对慈善组织的监管整体上呈现出"重准入登记轻日常监管""重结果控制轻过程监督""重行政控制轻社会监督""监管不足与监管过度并存"等管理取向。在实践中，各级政府虽然意识到了慈善组织发展的重要性，但是部分基层政府对慈善组织发展不放心也不信任，这种谨慎且保守的态度在实际工作中表现为两个极端，一是把慈善组织牢牢抓住不放，变间接监管为直接干预；二是对慈善组织放手不管，重入口轻监管，长期不履行主动监管慈善组织的职责。由于长期缺乏有效监管和制度指引，

① 陆士桢、刘庆帅：《慈善组织与青年公益人才发展趋势研究——基于深圳、广州的实地调研》，《中国青年社会科学》2018 年第 1 期。

有些慈善组织的内部管理制度不完善，其财务、活动、管理等方面的信息公开制度还不够健全，财务制度、审计制度、人事制度也流于形式，很难满足慈善组织发展的需要。而这一切都和慈善组织的监管制度供给不足相关，这种不足具体表现为以下几点。一是现有制度安排未对慈善组织的过程监管进行明确说明。二是慈善组织信息披露制度不健全，难以有效实现社会公众、服务对象、落地社区和行业协会等相关利益者对慈善组织的广泛监督。三是针对慈善组织的多元监督制度体系还未形成。破解监管制度供给不足的关键在于动员社会力量参与慈善组织监督，但由于缺乏操作性的制度指引和法治保障，社会力量很难参与慈善组织的监督。四是对新型慈善组织的监管尚不完善，如网络社团、微信社团以及离岸社团的监管还处于探索当中。总体来看，我国关于慈善组织的监管制度已经不能完全适应当前社会发展尤其是社会治理的需要，迫切需要优化和完善。[①]

慈善组织等级评估是确保慈善组织健康发展和服务质量的重要手段。2011 年开始实施的《慈善组织评估管理办法》，为慈善组织健康发展提供了明确指引，不断激发了慈善组织的活力和潜力。"以评促改""以评促建"的效果逐渐显现，多地涌现出一批"5A"慈善组织，这不但推动了慈善组织的发展，还起到了宣传的作用。不仅如此，慈善组织等级评估也为政府职能转变和政府购买服务提供了重要的参考依据。但与此同时，谁来进行评估，以什么样的方式进行评估，以及对评估等级低的慈善组织有何种后续的帮扶措施等问题仍未得到解决。

---

① 王帆宇：《慈善组织参与社会治理：现实困境与优化策略》，《湖北社会科学》2018年第 5 期。

在 2015 年《民政部关于探索建立慈善组织第三方评估机制的指导意见》中明确指出，"慈善组织评估工作还存在发展不平衡，评估机制独立性不强、专业化水平不高和评估结果运用不充分等问题"。在实际的等级评估中，也存在着以下四个问题。一是评估方与慈善组织方信息不对称的问题，很多慈善组织对评估指标不了解或不理解，甚至有抵触情绪。① 二是如何将信息化技术引入慈善组织等级评估中，通过网络提交、日常准备的方式完成评估工作，减少现场评估的成本和局限性。三是如何利用评估结果，开展对慈善组织的宣传与帮扶，让慈善组织更好地参与社会治理。四是评估指标有待完善。目前，慈善组织等级评估指标体系只涉及慈善组织的正规性、组织运作特征、业务类型及数量和社会评价，几乎无一反映慈善组织的功能特征，这难以体现慈善组织在参与社会治理中的独特作用，无法充分发挥慈善组织发展的潜力。②

此外，慈善组织的规范化发展还有赖于优质服务的供给。如何评判慈善组织提供的服务是优质的，这涉及绩效评估的问题。慈善组织服务绩效评估已经成为"推动慈善组织加强诚信建设、规范化建设的重要动力，是加强政府监督问责，检验委托服务成效和资金使用效率的重要措施"③。在目前政府购买慈善组织服务的大背景下，慈善组织绩效评估显得更加重要，经常作为购买项目成败与否的衡量手段，为政府决策提供依据。各地就慈善组织绩效评估的制度建设进行

---

① 马运山：《组织参与慈善组织评估工作的几点启示》，《中国慈善组织》2019 年第13 期。

② 胡辉华：《慈善组织等级评估反思》，《大社会》2018 年第 10 期。

③ 胡穗：《政府购买慈善组织服务绩效评估的实践困境与路径创新》，《湖南师范大学社会科学学报》2015 年第 4 期。

了大量探索，如财政部于 2018 年 7 月底发布了《关于推进政府购买服务第三方绩效评价工作的指导意见》，北京市制定了《政府购买慈善组织公益服务项目验收评价指标》，广州市制定了《政府购买公共服务考核评估实施办法》，成都市发布了《政府购买慈善组织服务项目绩效评估操作指引》等，这些政策的陆续出台为慈善组织绩效评估提供了重要的依据和指导。然而，目前慈善组织服务绩效评估存在着以下三个问题。一是多元评估主体体系仍未建立。慈善组织服务绩效评估与企业绩效评估不同，它涉及更多利益相关者，绩效呈现也是多元化的，尽管目前第三方评估机制逐渐形成，但是还有待进一步发展，尤其体现在第三方评估机构的独立性和专业性上。此外，慈善组织行业协会的评估作用并未完全发挥，服务接受者也难以真正地参与绩效评估。二是绩效评估未与其他评估形成协调之势。绩效评估重在慈善组织的服务绩效，绩效的大小往往是以事前的需求评估为基础的，而当前的评估仍旧聚焦于事后，难以对慈善组织的服务绩效做出科学的评判。同时当前绩效评估更多的是对服务最终结果的评估，难以对服务的过程进行动态评价，对其过程中投入了多少，进行了哪些努力，遇到了哪些问题，进行了何种应对以及做出了哪些创新等缺乏深入的关注，这严重影响了绩效评估的科学性。三是绩效评估的指标体系有待进一步优化。目前很多地方的绩效评估仍侧重于服务完成情况和成本支出方面的评估，局限于仅为出资方负责的评估理念，而对社会效益、组织品牌发展、服务与慈善组织使命愿景的相关度，对慈善组织发展的贡献度、对慈善组织运营模式的创新度等缺乏实质关注。

第三节　慈善组织发展的非正式制度环境

在推进慈善组织发展的过程中，正式制度具有重要的作用，但不可否认的是，非正式制度也产生了重要影响。正如学者所言，在社会治理中，"既要借助正式制度，也需要借助非正式制度，即使是制度化的治理，也并不一定排斥非正式制度的作用"[①]。因此，影响慈善组织发展的非正式制度的作用是不可忽视的。与正式制度相比，非正式制度具有非强制性的特点，它具体是指"人们在长期交往中自发形成并被人们无意识接受的价值道德规范、风俗文化习惯以及意识形态等内在行为规范"[②]。社会公众在日常生活中形成的习惯性思维方式和认知态度，以及在此基础上所形成的社会信任、行为模式和公共精神，都会以非正式制度环境的形式影响着慈善组织发展。

一　社会认知与慈善组织发展

当前，慈善组织参与社区治理，已经成为社区治理现代化的重要推力，[③] 但在具体参与过程中，慈善组织往往遇到不被认可或被错误理解的身份窘境，这种身份窘境缘于社会相关主体对慈善组织的习惯性固有认知。慈善组织在"很大程度上还是受到传统思维模式和固有认知的阻碍。不论是体制内还是体制外，缺乏对慈善组织的功

---

① 谢志岿、曹景钧：《低制度化治理与非正式制度——对国家治理体系与能力现代化一个难题的考察》，《国外社会科学》2014 年第 5 期。

② 范逢春：《地方政府社会治理：正式制度与非正式制度》，《甘肃社会科学》2015 年第 3 期。

③ 梁宇：《慈善组织在城市社区治理中的独特力量》，《人民论坛》2017 年第 21 期。

能的明确认识"①。就体制内的政府工作人员而言，他们对慈善组织的认识可能还存在偏差，对慈善组织的作用认识不到位，在推进社会治理方面，习惯运用行政性手段，甚至有些基层政府或社区在购买慈善组织服务的过程中，出现了"肥水不流外人田"的倾向，倾向于购买本辖区或本社区的慈善组织，而将其他慈善组织排除在外。同时，受到"经济发展至上"和"大政府、小社会"固有思维的影响，慈善组织参与社会治理的作用和功能被大大低估或忽略，一些政府部门甚至将慈善组织看作政府部门的延伸，采取行政与命令的方式对慈善组织进行管理和监督，使得慈善组织在参与社会治理中的自主性受到极大影响。此外，在社会治理的大背景下，仍然有一些工作人员，尤其是社区管理者对慈善组织持防范态度，生怕慈善组织闹事，给社区管理添麻烦，将慈善组织挡在社区治理门外。

就体制外的社会公众而言，有相当一部分人对慈善组织比较陌生，即使知道，认识也比较肤浅，当生活遭遇困境时第一时间想到的是向亲朋好友和政府求助，极少人会考虑向慈善组织求助，甚至认为慈善组织可有可无。② 这种习惯性的求助方式使慈善组织常常处于被动局面。也正是由于社会公众认识的不到位，理解的不准确，导致了社会公众对政府以外的其他慈善组织的公益活动缺乏热情，③ 参与社区事务的积

---

　　① 陈思、凌新：《社会治理精细化背景下慈善组织效能提升研究》，《理论月刊》2017年第1期。

　　② 周云华：《发挥慈善组织协同社会管理作用探讨》，《湖南行政学院学报》2011年第6期。

　　③ 陈平：《"吸纳型治理"：慈善组织融入城市社区治理的路径选择》，《理论导刊》2019年第2期。

极性也不高，进而导致了慈善组织需要花大力气宣传组织宗旨，动员社区居民，这在一定程度上增加了慈善组织发展的成本。此外，很多社会公众将慈善组织提供的服务和一般的慈善活动、社会善举、志愿服务画等号，认为慈善组织的服务是免费的、自愿的、义务的，而没有看到服务的专业性、组织性，更不会考虑慈善组织的发展成本等问题，这极大地影响了慈善组织发展的可持续性。

二 社会信任与慈善组织发展

基于社会交往的社会信任往往被看作社会资本的重要组成部分，它以一种不成文的契约和规范影响着行为主体的行为，其实它也属于非正式制度。作为非正式制度的社会信任，它往往直接关系其他社会主体对慈善组织的主体身份认同，而主体身份认同是慈善组织能够有效参与社会治理的前提条件。

然而，尽管社会公众对慈善组织的信任与日俱增，但是慈善组织参与治理的主体身份仍未得到广泛认同，其所处的"社会信任"环境仍旧堪忧。一方面，政府部门对慈善组织的发展心存芥蒂，[1]受历史原因影响，政府既想帮助慈善组织成长，又有些犹豫。这种矛盾心理会影响理想中的"多元共治"模式在基层的实现，慈善组织参与社会治理有难度，即使有机会参与其中也要受到直接干预的管理，甚至一些政府部门将慈善组织当作自己的下级单位，慈善组织则沦为"二政府"[2]。另一方面，社会公众对慈善组织未形成信任感。

---

① 齐久恒：《透析中国公民慈善组织生发的解释性框架及信任化危机》，《云南行政学院学报》2016年第4期。

② 周定财：《探索慈善组织参与社会治理的新途径》，《开放导报》2016年第6期。

正如前文所述，传统中国社会是以"熟人关系"为基础的社会信任，尽管熟人关系已然瓦解，但是这种信任关系的发生机制仍旧存在，慈善组织很难在短时间内获取社区社会公众的信任。即使这种信任发生机制逐渐被利益取向的信任发生机制所取代，但是我国慈善组织发展还处于探索阶段，其与利益获取相关的要素，如慈善组织在社会治理中的能力、绩效、效率还未充分显现出来，甚至还存在违背公益宗旨、商业化、腐败化等行为，① 这更加强化了社会公众的不信任感。此外，在当前政府购买慈善组织服务的背景下，慈善组织愈发表现出"行政化"的倾向，加之在一些地方的政府购买服务的实践中出现了一些不公正的现象，这也增加了社会公众对慈善组织的不信任感。

可见，作为非正式制度的社会信任已经成为影响慈善组织发展的重要因素。增强社会信任，强化社会认同已经成为构建慈善组织发展环境生态的重要方面。

三　公共精神与慈善组织发展

解决慈善组织与社区治理的匹配问题，有赖于以公共精神为核心的文化环境建设。② 在现代社会中，公共精神与治理的质量成正相关关系，③ 作为正式制度的公共精神在推进慈善组织参与中起到了重要的作

---

① 胡琦：《法治与自治：慈善组织参与建构社会治理"新常态"的实现路径》，《探索》2015 年第 5 期。

② 向静林：《结构分化：当代中国社区治理中的慈善组织》，《浙江社会科学》2018 年第 7 期。

③ 王杨、邓国胜：《社会资本视角下青年慈善组织培育的逻辑》，《中国青年研究》2015 年第 7 期。

用。所谓公共精神，通俗的理解就是"参与公共事务，关心、帮助有需要的人"①，公共精神在本质上就是社会管理者和社会公众在公共服务领域内所形成的信念、价值和习惯，这种信念、价值和习惯指向的是对公共生活领域的关注，对生活共同体的融入，对社会公共事务的投入以及积极的责任意识。然而，随着我国经济转型和社会转型，公共精神出现了以下三个问题。一是在经济结构层面，公共精神表现出"异化发展"的迹象，即人们陷入"自我为中心"的旋涡，形成"事不关己，高高挂起"的处事原则；二是在政治体制层面，公共精神彰示出"遮藏隐蔽"的状态，即人们对公共生活"漠不关心"，呈现出"过客心态"和"游民化倾向"；三是在价值观念层面，公共精神昭显出"单薄稀缺"的情况，即对中华传统美德的遗忘。②

公共精神的式微意味着人们缺乏对公共领域的关注，也意味着人们参与社会事务的意愿的降低，还意味着人们社会责任意识的缺乏，这种状况与积极推动慈善组织发展的局面不相匹配。一方面，追求多元共治的社会治理需要社会公众的支持与参与，而社会公众公共精神的缺失则使得治理过程缺乏应有的社会公众基础，这给慈善组织提供社区服务、参与社区治理造成障碍。另一方面，慈善组织发展，需要大量的社区志愿者和居民领袖，而公共精神的式微则使慈善组织缺乏相应的人力资源。总而言之，公共精神的式微与社会治理现代化需要不符，重塑公共精神成为推进慈善组织发展的必要条件。

---

① 魏崇辉：《当代中国地方治理中的协商民主、政府责任与公共精神》，《思想战线》2016年第2期。

② 齐久恒：《中国公民慈善组织发育的深层困境——基于文化视角的洞悉》，《西北师大学报》（社会科学版）2014年第5期。

四 社会舆论与慈善组织发展

作为非正式制度的社会舆论，一般是指"社会上众人的议论和意图，亦称公意……它对人们的思想和行动有巨大的导向、制约和鼓舞等作用，是社会控制的重要工具和形式"①。尽管社会舆论属于非正式制度，但它对正式制度也会产生重要影响，正式制度的有效实施和社会舆论紧密相关。与正式制度相一致的社会舆论则会形成强大的社会推动力，促进正式制度的落实；反之，则会起到反作用。当然，社会舆论的形成和社会制度的具体规定有巨大的关系，符合大众利益的社会制度更容易形成强大的社会舆论，进而对社会产生影响。对慈善组织来说，良好的舆论环境是其有效参与社会治理的社会基础，有了舆论环境的支持，慈善组织更容易参与其中，并能够获取更多资源。反之，不利的舆论环境往往会阻碍慈善组织的发展，成为其参与社会治理的屏障。实际上，慈善组织作为社会性福利系统，公众支持是非常重要的。社会舆论在公众态度形成过程中发挥着重要作用，既可能向积极正面发展，也可能向消极负面靠近，也就是正向支持和负向阻碍作用。社会舆论的正向支持作用主要体现在以下两点。一是形成良好的舆论环境，为慈善组织发展提供有利的社会氛围；二是形成有效的社会监督，为慈善组织规范健康发展提供保障。社会舆论的负面阻碍作用体现在社会舆论对慈善组织的片面或错误认识，扭曲了人们对慈善组织的正确认知，从而对慈善组织发展产生持久的阻遏作用。

---

① 罗盛希：《社会舆论与社会发展》，《理论探讨》1992 年第 6 期。

目前，在社会治理现代化、乡村振兴大力推进和迈向中国式现代化新道路的大背景下，慈善组织发展迎来机遇，需要社会舆论的正向支持。然而，在复杂的现实舆论环境中，慈善组织发展与社会舆论建设之间还有很多不适应的地方，这具体体现在以下四点。一是由于慈善组织信息披露机制尚未健全，信息的透明度和开放度还较低，难以对社会舆论的形成构成影响之势，舆论主体在缺乏准确和完整信息的基础上对相关情况做出了评判和宣传，从而形成了不利于慈善组织参与城市治理的社会舆论。二是慈善组织缺乏宣传和营销理念。一些慈善组织认为自己只要将分内的事情做好，把服务提供好就能获得社会公众的广泛认可，就能形成有利的舆论环境。这导致了慈善组织对宣传和营销工作的不重视，既没有树立主动营销的理念，也没有专门的营销部门或人员，使自己始终处于社会舆论形成的被动位置。三是慈善组织的媒体运用能力不足。在宣传内容上，慈善组织往往呈现的是慈善组织的日常运作和服务提供，难以回应社会公众关切的问题，如资金使用、使命实现等；在宣传形式上，往往以简报和新闻的方式呈现，缺少对关键事件和品牌服务的跟踪式、聚焦性、连续性报道，难以吸引公众持续性关注。四是慈善组织的管理部门、慈善组织的行业协会、枢纽性慈善组织、基层政府、社区以及慈善组织在社会舆论环境的建设中未形成联动之势，它们更多关注于服务的提供和项目的监管，而忽视了信息报送、信息共享、信息传播等有关社会舆论环境建设的合作性工作。

五　慈善文化与慈善组织发展

慈善文化是慈善事业健康快速发展的价值根基。《慈善法》第一条规定了关于制定本法的目的，"弘扬慈善文化"就是其中一条。第九十七条提出了国家、学校等教育机构和广播、电视、报刊、互联网等新闻媒体这三个主体在弘扬慈善文化方面的基本职责。[①]

早在 2002 年 8 月 23 日，习近平在福建省慈善总会第一次代表大会上就指出，发展慈善事业，要"传播慈善文化"[②]。2005 年 8 月 12 日，他在《文化是灵魂》一文中又指出："一定的社会的文化环境，对生活其中的人们产生着同化作用，进而化作维系社会、民族的生生不息的巨大力量。"[③] 同年 8 月 16 日，他强调："文化育和谐，文化建设是构建和谐社会的重要保证和必然要求。"[④] 2006 年 12 月 12 日，他在浙江慈善大会上再次强调，要"广泛普及慈善文化、弘扬慈善精神、宣传慈善典型"[⑤]。当前我国公民参与慈善的热情尚有待提升，慈善文化的普及力度还有待加强，只有广泛普及慈善文化，在全社会营造人人都可做慈善的浓厚氛围，慈善意识才能深入人心，慈善才能真正成为人们的一种普遍生活方式，慈善事业才能实现健康快速发展。

大力弘扬慈善文化，既是传承中华优秀传统文化、培育和践行社会主义核心价值观的内在要求，又是营造良好慈善氛围、增强社会公众慈善意识的重要途径。在慈善文化的熏陶和感染中，人们会不断加深对慈善的认知、强化对慈善的情感支持，并积极投身参与慈善活动，

---

① 《中华人民共和国慈善法》，中国法制出版社 2023 年版，第 18—19 页。
② 习近平：《要开展多种形式的社会救助发展慈善事业》，中国新闻网，2002 年 8 月 23 日，http://www.chinanews.com/2002-08-23/26/214780.html，2019 年 9 月 10 日。
③ 习近平：《之江新语》，浙江人民出版社 2007 年版，第 149 页。
④ 习近平：《之江新语》，浙江人民出版社 2007 年版，第 150 页。
⑤ 习近平：《齐心协力发展慈善事业 同心同德建设和谐社会》，《浙江日报》2006 年 12 月 13 日第 1 版。

参与慈善活动的过程就是不断积累道德力量的过程。习近平总书记在《在慈善中积累道德》一文中有这么一段文字深刻阐述了慈善与道德的关系："在中华民族的传统文化中，历来尊崇厚仁贵和，敦亲重义，并将乐善好施、扶贫济困奉为美德。季羡林老先生曾提出'慈善是道德的积累'，树立慈善意识、发展慈善事业，是一种具有广泛群众性的道德实践。无论是个人还是组织，无论是贫穷还是富裕，不管在什么条件下，不管做了多少，只要关心、支持慈善事业，积极参与慈善活动，就开始了道德积累。"① 在他看来，作为一种群众性的道德实践活动，慈善事业不仅仅在于物质层面和行动层面的扶贫济困，更在于在全社会倡导和弘扬一种良好的道德风尚，让全体人民明辨是非美丑善恶。因此，大力发展新时代慈善事业，动员社会力量积极参与慈善活动，倡导全体社会成员关爱他人、帮助弱者的慈善行为，不仅是传承中华民族传统美德的重要体现，还是弘扬社会主义核心价值观的重要体现。

①　习近平：《之江新语》，浙江人民出版社 2007 年版，第 252 页。

第五章 正式制度环境对慈善组织发展的影响

在影响慈善组织发展的因素中，正式制度是一个关键变量。本章在构建正式制度具体指标的基础上，运用实证分析的方法，从登记注册制度、监督管理制度、财税支持制度和人才培育制度四个维度，探讨正式制度环境对慈善组织社会认同度、资源获取能力、参与公共服务的积极性影响。

第一节 正式制度环境的测量指标

本书将影响慈善组织发展的"正式制度环境"操作化为登记注册制度、监督管理制度、财税支持制度与人才培育制度四个测量指标。其中，"登记注册制度"具体操作化为准入制度合理性和审批手续简便性两个指标；"监督管理制度"具体操作化为培育孵化制度、信息公开制度、评估制度、年检制度、惩处制度五个指标；"财税支持制度"具体操作化为税收优惠政策、资金筹集制度、项目购买制度三个指标；

"人才培育制度"操作化为人才评优、晋职制度和人才流动制度两个指标。以上每个指标分为"很不赞同""不赞同""一般""赞同""非常赞同"五个维度，依次赋值1、2、3、4、5分。得分越高，说明该制度环境越好，见表5-1。

表5-1　　　　　　　　　正式制度各维度情况

正式制度	均值(分)	方差
登记注册制度	8.12	1.920
监督管理制度	19.38	3.143
财税支持制度	12.22	1.569
人才培育制度	7.04	0.521

登记注册制度和人才培育制度的分值区间是2—10分，理论均值为6分；监督管理制度的分值区间是5—25分，理论均值为15分；财税支持制度的分值区间是3—15分，理论均值为9分。从表5-1可以得知，正式制度四个方面的得分高低依次为财税支持制度、登记注册制度、监督管理制度和人才培育制度，换算成百分制分别为81.5分、81.2分、77.5分和70.4分。总体而言，正式制度环境评价一般，监督管理制度和人才培育制度得分均不足80分，其中得分最低的人才培育制度仅为70.4分。近年来，随着国家对慈善事业和慈善组织在社会治理中作用的重视，慈善组织生态环境日趋变好。根据中央的有关精神，各地方政府均出台了促进慈善事业健康发展的实施意见；对慈善组织的准入、审批程序均做出了明确规定；对慈善组织的监督管理也日渐完善。我们抽样调查的上海市、湖南省、云南省三地于2015年均出台

了促进慈善事业健康发展的实施意见；三地都有关于慈善组织的准入、审批程序的明确规定；三地也都有社会组织评估制度（上海市 2007 年颁布了《上海市民间组织规范化建设评估办法》、云南省 2011 年颁布了《云南省社会组织评估管理办法》、湖南省 2015 年颁布了《湖南省社会组织评估管理办法》）和社会组织信息公开制度。尚嫌不足之处主要体现为慈善组织的人才培育制度不健全。尽管三地的一些相关制度、规定都涉及要加强慈善组织的人才培育，但对慈善组织人才的评优、晋职、流动等却并无明确的、专门的制度，人才缺乏、留不住优秀人才是困扰不少慈善组织发展的难题。对"您认为目前慈善组织在发展方面存在的主要障碍是（最多选出三项，并按重要程度进行排序）"这一问题的回答，排在前两位的是"组织缺乏活动资金"和"缺乏专业人才"。在我们对慈善组织管理人员进行访谈时，他们异口同声地谈到了慈善组织人才困境问题。

【个案 1】CS 市 Y 区 DWJ 组织

DWJ 组织成立于 2007 年，总体运行状况一般，每年的总收入减去总支出之后略有剩余。该组织的收入来源有以下两种。一是政府购买公共服务项目（平均每年从政府购买公共服务项目中获约 9 万元的服务经费）；二是基金会。

目前该组织共有 9 名工作人员，其中，全职人员为 4 人，兼职人员为 5 人，3 人具有大学本科学历，但是，不仅员工薪酬较低（平均工资为 3000 元），而且缺乏相应的保障，该组织并没有为其购买"五险一金"。该组织负责人表示，薪酬待遇低以及没有正式编制是构成全职人员离职的主要原因，薪酬制度的不完善严重影响了慈善组织队伍的扩大，要改变这一局面，最重要的是从制度保障方面留住人才，稳定提升工作人员职位地位，根据岗位类别来制定差异性薪酬标准和优化岗位职业资格标准。

【个案2】KM 市 D 区 ZWS 组织

该组织成立于 2012 年。每年获得 5 万元的政府购买公共服务项目。该组织负责人表示，该组织运行主要依靠政府购买公共服务项目经费，自我筹集资金困难，但目前经费十分有限，因而生存较为困难。

目前该组织工作人员总数为 10 人，其中，全职人员仅有 1 人，兼职人员 9 人，比例非常大。薪酬待遇低以及没有正式编制也是组织人员离职率高的两大主要原因，薪酬制度的缺陷依然是影响人才队伍扩大的重要原因，建立由民政部门统一管理的人事关系能够保障公益组织类社会组织工作人员的职业地位。

在上述两个案例中，制约 DWJ 慈善组织和 ZWS 慈善组织发展的主要因素有资金因素和人才因素。在资金方面，DWJ 慈善组织和 ZWS 慈善组织由于追求公益目标和筹资渠道单一等原因，导致组织运行资金不足，无法扩大组织规模，提供公共服务能力有限。在人才方面，由于薪酬水平低和缺乏必要的保障，致使组织既招收不到组织发展所需的专业性人才，也留不住组织既有的员工，这就限制了组织业务和活动的开展。

除了登记注册制度、监督管理制度、财税支持制度和人才培育制度等方面存在不足之外，慈善募捐制度也存在一定的缺陷。湖南省于 2011 年开始实施《湖南省募捐条例》，上海市在 2012 年颁布实施了《上海市募捐条例》，但云南省尚无关于慈善募捐详细专门的制度设计。

第二节　正式制度环境与慈善组织的社会认同度

本书以正式制度为自变量，以慈善组织的社会认同度各维度为因变量建立了多元线性回归模型，探讨正式制度对慈善组织社会认同度的影响。具体情况见表 5 - 2。

表 5 - 2　以慈善组织社会认同度各维度为因变量建立多元线性回归模型

自变量	因　　变　　量					
	合法性地位	使命感	公信力	诚信度	服务能力	工作人员的职业道德
登记注册制度	0.602 **	0.013	0.127	0.713 **	0.313	0.427
监督管理制度	0.042 **	0.331 **	0.032 *	0.083 *	0.031	0.038 *
财税支持制度	0.041	0.156 **	0.068	0.021 **	0.236 **	0.528
人才培育制度	0.133	0.276 **	0.268 **	0.173	0.244 **	0.067 **

注：* 表示 $p < 0.05$；** 表示 $p < 0.01$。

从表 5 - 2 中的数据来看，对慈善组织合法性地位有显著影响的自变量有登记注册制度（0.602 **）和监督管理制度（0.042 **）；对慈善组织的服务能力有显著影响的自变量有财税支持制度（0.236 **）和人才培育制度（0.244 **）；对慈善组织的诚信度有显著影响的自变量有登记注册制度（0.713 **）、监督管理制度（0.083 *）、财税支持制度（0.021 **）；对慈善组织的使命感、慈善组织的公信力和慈善组织工作人员的职业道德均有显著影响的自变量有监督管理制度和人才培育制度，另外对慈善组织的使命感有显著影响的自变量还有财税支持制度

（0.156**）。按照对慈善组织社会认同度各维度的影响程度高低来排序，依次是监督管理制度、人才培育制度、财税支持制度、登记注册制度。

第三节　正式制度环境与慈善组织的资源获取能力

本书以正式制度为自变量，以慈善组织资源获取能力各维度为因变量建立了多元线性回归模型，探讨正式制度对慈善组织资源获取能力的影响。具体情况见表 5 - 3。

表 5 - 3　　　　以慈善组织获取资源能力各维度为因变量建立
多元线性回归模型

自变量	因变量		
	组织 2016 年度总收入（万元）	组织 2016 年度承接各类项目数量	组织 2016 年度项目收入（万元）
登记注册制度	0.532	0.103	257
监督管理制度	0.122	0.461	0.052
财税支持制度	0.065	0.156	0.128
人才培育制度	0.146	0.321**	0.108**

注：** 表示 $p < 0.01$。

从表 5 - 3 中数据可以得知，人才培育制度对慈善组织 2016 年度承接各类项目数量（0.321**）和项目收入（0.108**）产生显著正向影响，即慈善组织及其工作人员对有关慈善组织的人才培育制度的评价越高，该慈善组织 2016 年度承接各类项目的数量和项目收入就越多。

而登记注册制度、监督管理制度和财税支持制度对慈善组织资源获取能力各维度均无显著影响，慈善组织资源获取能力，并不取决于这些正式制度，或者说无法从其中发现统计学规律。

正式制度必然会对慈善组织资源获取能力产生一定的影响。颜克高、井荣娟的研究发现也表明："制度环境对社会捐赠水平具有显著影响，制度环境中经济环境、法律环境特别是地方政府管制对社会捐赠水平具有显著正向影响。"① 但是，慈善组织资源获取能力除了受制于客观的制度，也与慈善组织自身主观方面的因素相关，如慈善组织的社会认可度、专业化水平、动员网络、动员技术等。有研究认为，合作治理、项目资助、媒体动员、向捐助人致谢等都是社会组织的资源获取方式和手段，自然也会对其资源获取能力产生影响。前面我们分析的慈善组织之间资源获取能力的显著差异性，也正好印证了这一结论。

第四节　正式制度环境与慈善组织
参与公共服务的积极性

由于慈善组织参与公共服务的频率和规模属于连续变量，因此，可以建立线性回归模型进行分析，见表5－4。慈善组织在参与的各类公共服务活动中的角色情况为定类变量（"活动的合作参与者及其他" = 0，"活动的组织者" = 1），可以建立 LOGISTIC 模型进行分析（取置信度为95%）。具体情况见表5－5。

---

① 颜克高、井荣娟：《制度环境对社会捐赠水平的影响——基于2001—2013年省际数据研究》，《南开经济研究》2016年第6期。

表 5 - 4　　　以慈善组织参与公共服务的频率和规模为因变量
建立多元线性回归模型

自变量	因变量	
	参与公共服务的频率	参与公共服务的规模
登记注册制度	0.027	0.165
监督管理制度	0.431	0.095
财税支持制度	0.136*	0.105**
人才培育制度	0.179**	0.076

注: * 表示 $p < 0.05$; ** 表示 $p < 0.01$。

从表 5 - 4 中数据可以看出, 财税支持制度对慈善组织参与公共服务的频率 (0.136*) 和规模 (0.105**) 产生显著正向影响, 即慈善组织及其工作人员对有关慈善组织的财税支持制度的评价越高, 慈善组织参与公共服务的频率和规模就越大。

人才培育制度对慈善组织参与公共服务的频率 (0.179**) 也存在显著正向影响, 即慈善组织及其工作人员对有关慈善组织的人才培育制度的评价越高, 慈善组织参与公共服务的频率就越大。

表 5 - 5　　　以慈善组织参与公共服务活动的角色情况为因变量
建立的 LOGISTIC 模型

自变量	公共服务活动的参与者/组织者	
	回归系数	显著度
登记注册制度	0.408	0.128
监督管理制度	0.163	0.043
财税支持制度	0.124	0.142
人才培育制度	0.204	0.018

从表5-5中数据可以得知，对慈善组织在各类公共服务活动中是"活动的合作参与者"还是"活动的组织者"有显著影响的自变量有两个，即"监督管理制度"和"人才培育制度"。这两项制度与慈善组织在各类公共服务活动中是"活动的合作参与者/活动的组织者"呈正相关，即有关慈善组织的"监督管理制度"和"人才培育制度"越完善，慈善组织及其工作人员对其评价越高，慈善组织就越有可能深入地参与各类公共服务活动，成为活动的组织者。

第五节　讨论与对策

一　讨论

本章在分析正式制度各维度的基础上，探讨了登记注册制度、监督管理制度、财税支持制度和人才培育制度对慈善组织发展的影响。本章的主要发现有以下几方面。

（一）从总体上看，慈善组织及其工作人员对有关慈善组织的正式制度的评价一般

评价由高到低依次为财税支持制度、登记注册制度、监督管理制度和人才培育制度。相对而言，评价较高的是财税支持制度，最不能令人满意的是人才培育制度。

（二）登记注册制度、监督管理制度、财税支持制度和人才培育制度对慈善组织社会认同度各维度分别产生不同程度的影响

具体表现为登记注册制度对慈善组织合法性地位、诚信度有显著

影响；监督管理制度对慈善组织合法性地位、使命感、诚信度、公信力以及慈善组织工作人员的职业道德具有显著影响；财税支持制度对慈善组织的使命感、诚信度和服务能力有显著影响；人才培育制度对慈善组织的公信力、使命感、服务能力和慈善组织工作人员的职业道德有显著影响。

(三) 人才培育制度对慈善组织资源获取能力与承接各类项目数量和项目收入产生显著影响

人才培育制度对慈善组织参与公共服务的"频率"和"程度"有显著影响，财税支持制度对慈善组织参与公共服务的"频率"和"规模"有显著影响，而监督管理制度对慈善组织参与公共服务的"程度"有显著影响。

因此，研究假设 1 得到了验证。

二 对策

(一) 注重完善财税支持制度

获得足够的经费支持，既是慈善组织发展的经济基础，也是慈善组织积极参与公共服务的前提和动力。要达到这一条件，就必须完善慈善组织的财税支持制度。前面实证研究的结果表明，财税支持制度对慈善组织的服务能力、慈善组织参与公共服务的"频率"和"规模"均有显著影响。财税支持制度主要包括政府购买公共服务制度和税收激励制度两个方面。只有完善政府购买公共服务制度和税收激励制度，才能为我国慈善组织的大力发展注入持续动力。

1. 完善政府购买公共服务制度

政府购买公共服务制度是慈善组织获得持续资金支持的制度保证。这一点已被实践所证明。要促进慈善组织的大力发展，就必须从根本上完善政府购买公共服务制度。如果不从国家层面制定关于政府购买公共服务的全国性法律法规，政府购买公共服务就会无章可循，也无法对各级政府进行刚性约束，从而使政府购买公共服务在一些地方成为一种"摆设"。因此，完善政府购买公共服务制度已是势在必行。我们在调查中发现，慈善组织负责人在回答"要激发慈善组织活力，您认为目前最需要健全和完善的制度是什么"这一问题时，选择"政府购买公共服务制度"的高达73.9%。慈善组织负责人普遍认为，要"将购买服务的资金纳入常规财政预算，以保证购买服务资金的长期稳定"，要"解决经费拨付问题"，要"将政府购买服务的内容纳入全国和地方经济社会发展规划"。以下两个个案是上述结论的有力佐证。

【个案 3】CH 市 Y 区 YWJY 组织

YWJY 组织成立于 2012 年，总体而言，该机构组织运行状况一般。该组织每年的总收入与总支出基本持平，其收入来源一是从政府购买的公共服务项目中获得服务经费（平均每年约 22 万元）；二是自筹。目前该组织共有员工 8 人，均为全职人员，其中大学学历者 4 人。人员工资在 3600 元左右/月，购买部分"五险一金"。

该组织负责人认为，目前慈善组织举步维艰的根本原因在于政府购买公共服务制度尚不健全、慈善组织的社会认同度较低、慈善组织的工作人员离职率高。谈到如何完善政府购买公共服务制度时，他主要讲了两个问题，即服务项目的确定和经费拨付。关于如何科学确定公共服务项目，他建议政府可以向公众征集项目，而对于经费拨付，他认为政府、社区和公益类社会组织三方面要协商确定，并保证经费拨付的及时性。

【个案4】KM 市 W 区 YDL 组织

YDL 组织成立于 2005 年，目前处于亏损运行状态。组织资金来源主要依靠社会捐助，还没有获得过政府项目经费支持。目前组织共有员工 5 人，其中全职人员有 2 人、兼职人员 3 人。全职人员薪酬 3200 元左右/月，未购买"五险一金"。该组织负责人在谈到完善政府购买公共服务制度时，认为要同时解决服务项目的确定、购买方式、服务价格和经费拨付等问题，还要保证经费拨付的及时性。

在上述两个个案中，YWJY 慈善组织的经费主要来源于政府购买的公共服务项目和自筹，每年的总收入与总支出能够基本持平；YDL 慈善组织的经费主要来源于社会捐助，每年的总收入与总支出处于亏损状态。与 YWJY 慈善组织相比较，政府未向 YDL 慈善组织购买过任何公共服务，也未向其提供过任何的经费支持。政府购买公共服务是慈善组织重要的资金来源，能否获得政府购买公共服务项目在很大程度上会影响慈善组织的发展。因此，YWJY 慈善组织和 YDL 慈善组织的负责人提出要从购买方式、服务项目确定、服务价格和经费拨付等方面着手，完善政府购买公共服务制度。

基于上述考虑，我们认为，要促进慈善组织的大力发展，完善政府购买公共服务制度，就必须做到以下几点。

一是理顺政社关系。实证研究的结果表明，政社关系不合理、职能边界模糊是导致政府购买公共服务制度效果不佳的重要原因。慈善组织在社会治理中处于主体地位、具有独特作用，很多地方政府没有充分认识到这一点，仅仅将这一制度界定在一般公共服务外包层面上，经常采取工具主义的态度落实制度，把慈善组织当作服务外移的"接盘手"。这必然会引起很多问题，形成慈善组织发展的屏障，阻碍其深度参与社区治理。因此，理顺政社关系至关重要，慈善组织在政府购买服务中的平等地位要得到肯定和保障，将政府购买公共服务制度放在社会治理现代化的总框架下理解，积极运用好这一制度，充分发挥慈善组织在参与城乡社区治理中的独特作用，推进基层社会治理现代化。

二是纳入发展规划。当前政府购买公共服务的不稳定性和随意性已经影响到慈善组织的发展，因此，必须要将政府购买服务的内容纳入全国或地方经济社会发展规划，明确政府购买公共服务的目的、范围、程序和经费标准，明确规划实施的时间和阶段，为慈善组织提前做好准备提供条件。总之，要通过纳入经济社会发展规划，避免政府购买公共服务的随意性，为慈善组织发展提供持续的资金保证，推进慈善组织持续性地参与城乡社区治理。只有这样，才能确保政府向慈善组织购买公共服务的稳定性。

三是完善购买流程。目前，我国政府购买公共服务还没有建立起比较成熟的规范化、标准化和法治化的机制，[1] 存在随意性大、不规范等问题。只有完善购买流程，才能实现政府购买公共服务的标准化。这就

---

[1]　党秀云、谭伟：《民族地区慈善组织参与基层社会治理的路径选择》，《新视野》2016年第 1 期。

要求做到以下几点。一是要制定标准化的购买流程，确保购买过程公正。二是要确立透明化的购买场景，确保购买信息公开。三是要明确规范化的购买规则，确保购买结果公平，为慈善组织参与服务购买提供良好条件。四是推进转移支付。中央政府购买公共服务的转移支付制度应考虑到那些地方财政收入较少、经济发展落后地区的慈善组织，支持他们的快速发展。目前，在经济欠发达地区，特别是西部许多地区，当地慈善组织由于政府购买公共服务的经费支出不足而发展受到限制，这需要中央政府的全面规划，将政府购买服务的专项资金转移到经济欠发达地区，以推进当地慈善组织发展的进程。此外，可以发挥我国社会制度的治理优势，积极将政府购买公共服务制度纳入对口支援的体制中，鼓励发达地区对欠发达地区在政府购买慈善组织服务上予以经费支持，满足欠发达地区慈善组织发展的需要。只有这样，才能确保经济欠发达地区慈善组织的大力发展。五是明确权利义务。明确权利义务关系，是保证慈善组织地位的一个制度条件。目前，在政府购买公共服务制度落实的过程中，时常出现政府对慈善组织的具体运营进行直接干预的情况，这不仅直接影响到社会服务的提供效果，而且会影响慈善组织发展的积极性。同时，在慈善组织还没有充分发展以及现有的压力考核机制下，政府购买慈善组织服务极易形成慈善组织对政府的依附性，这也会对慈善组织的发展产生消极影响，导致其自主性和创新性的降低。[①] 因此，只有明确政府与慈善组织之间的权利义务关系，才能预防因政府购买服务而使慈善组织对政府机构形成

---

① 关信平：《当前我国增强慈善组织活力的制度建构与社会政策分析》，《江苏社会科学》2014年第3期。

新的依附关系，才能确保慈善组织的自主性和独立性，才能真正促进慈善组织的大力发展。

2. 完善税收激励制度

发挥税收优惠政策的激励和引导作用，对于缓解慈善组织的经费压力、创造良好的发展环境来说至关重要。目前，随着《慈善法》《事业单位、社会团体、民办非企业单位企业所得税征收管理办法》《公益事业捐赠法》等政策法规的出台，慈善组织的税收优惠政策不断完善，但依然存在一些问题，比如"政策分布零散""政策享受一刀切""政策可及差"等。这些问题使得税收优惠制度对慈善组织的监督和激励作用大打折扣，无法实现国家促进慈善组织发展的税收制度目标。在我们的调查中，受访对象认为目前慈善组织在获得税收优惠待遇过程中主要面临着以下两个困难。一是政府没有形成成熟、完善的非营利组织税收优惠法律体系；二是政府财政、税收、民政部门间协调性不足，随意性大。因此，慈善组织税收优惠制度改革的重点是要加大对现有政策的整合，并增强政策执行力度，使政策真正产生实效。为了充分发挥税收优惠的激励作用，激活社会力量，就要将现有的"限制享受"的思维转变为"刺激引导"的思维，使政策真正能够惠及并促进慈善组织发展。

一是推进慈善税收激励的立法化。目前，我国慈善税收优惠政策显得有些凌乱无章，更多的是一些意见、办法、条例，制度的法律效力较低，约束力不强。因此，我们必须加快慈善税收优惠的立法进程，整合现有的税收优惠政策体系，提高税收优惠政策的法律地位，保证税收优惠政策的合法性，增强税收优惠的可操作性，扩大税收优惠政策的覆盖面。要参照《企业所得税法》，制定统一的《慈善组织所得税法》，严格区分收入类型，明确应纳应免范围，确定应纳或优惠比例，确立税收优惠条件等，并出台配套政策确保《慈善组织所得税法》的落实。

二是建立差异化的税收优惠制度。建立差异化的税收优惠制度，也是国际上通行的做法。但是，大多数国家操作的方法是依据社会组织公益性和互益性的标准，而我们在实际操作中多是依据社会组织与政府的亲密程度，这显然不利于慈善事业的长远发展。在 2008 年以前，我国只有中华慈善总会、中华健康基金会等几十个慈善组织有资格对捐赠实行税收减免，并且减免扣除的比例从 3%—100% 不等，其中可全额减免的仅有 22 家。① 一方面，社会捐赠税收优惠适用范围狭窄，只有少数慈善组织能够对社会捐赠实行税收减免，这也就意味着，企业和个人难以从慈善组织获得有效的税收减免凭证，从而使其捐赠积极性严重受挫，不利于社会捐赠意愿的提升。另一方面，税收优惠政策的"公平性缺失"现象也极容易引致慈善组织的"马太效应"，即拥有税前全额扣除资格的慈善组织将会获得越来越多的慈善资源，而无税前全额扣除资格的慈善组织将获得少量的慈善资源，这极不利于慈善组织的大力发展。因此，借鉴国外的公益性标准，建立差异化的税收优惠制度，已是势在必行。

三是提高慈善税后捐赠免税额度。社会捐赠是慈善组织得以运行的重要资金来源。但是，目前我国社会捐赠税收制度还存在一定的缺陷和不足。因此，要进一步提高捐赠主体的积极性，就必须适度提高

① 王锐：《慈善捐赠的财税激励政策缺陷探究——兼论慈善组织面临的"四大困局"》，《审计与经济研究》2009 年第 3 期。

慈善税后捐赠免税额度。可以试行递延抵扣制度，对超出部分实行递延抵扣，允许超出部分在一定期限内分期抵扣税费，从而更好地促进慈善事业的大力发展。也可以借鉴《关于小型微利企业所得税优惠政策的通知》①，加大对规模较小、收入较少、地处欠发达地区的慈善组织的税收优惠减免力度，甚至对其进行资金扶持或项目倾斜。只有这样，才能不断激发"小微慈善组织"的活力。

四是增强税收优惠政策的可及性。要优化税收优惠政策的资格认定，简化税收优惠政策程序，实现税收优惠"一站式服务"。目前，尽管有税收优惠政策的支持，但申请程序复杂，申请周期长，需要消耗较大精力和时间，这对慈善组织享受税收优惠产生了阻碍。因此，增强税收优惠政策的可及性是政策改革的重点，通过程序简化以及"一站式服务"，确保政策更有效地惠及各类慈善组织。此外，重视慈善组织税收优惠政策的宣传普及，提高税收优惠政策的影响力，让更多社会力量包括慈善组织了解政策、弄清政策的享受条件和申请方法等，进而吸引更多社会力量参与公益慈善事业。

（二）完善慈善组织登记管理制度

实证研究的结果表明，登记管理制度是对慈善组织的合法性地位具有显著影响的变量。可以说，登记管理制度是慈善组织取得合法地位的前提与基础。慈善组织只有登记注册后，才能拥有合法的身份开展社会服务活动。在我国《慈善法》出台之前，我国慈善组织的登记注册制度一直采取的是"双重管理"体制，即慈善组织必须经过"登

---

① 李楠：《慈善组织财税政策问题研究》，《中国经济时报》2018 年 3 月 6 日第 5 版。

记管理机关"和"业务主管单位"的双重审核才能登记注册。这种"双重管理"体制意味着，我国在正式制度环境对慈善组织合法性的认可方面设置了两道门槛。相对于发达国家低门槛的慈善组织准入制度而言，这种制度设置无疑加大了慈善组织合法地位获得的难度，极不利于慈善组织的大力发展。可喜的是，自 2013 年以来，我国逐步推进社会组织登记注册制度改革，让公益慈善类等社会组织直接登记，逐步下放符合条件的慈善组织登记管理权限，改革成果显著。《慈善法》对这些改革成果予以肯定，形成具体的制度规定，"设立慈善组织，应当向县级以上人民政府民政部门申请登记，民政部门应当自受理申请之日起三十日内作出决定"[①]。这种制度规定的主要目的是改变以往的双重认可体制，降低慈善组织的设立门槛，逐步实现对慈善组织的直接登记，从而推动慈善组织的发展。然而，目前我国依法认定和新增的慈善组织依然发展缓慢。民政部的统计数据显示，截至 2021 年 7 月 28 日，我国登记注册的慈善组织机构有 9288 个，而全国登记社会组织 90 多万家，在社会组织中的比重并不高，仅突破 1%。有学者指出，"绝大多数可认定为慈善组织的基金会，也还有 1/3 没有认定为慈善组织"，"浙江省作为慈善事业较发达的省份，其有社会组织 7.06 万个，而认定为慈善组织仅为 942 个，占比虽超过了全国平均水平，但也只有 1.3% 强；宁夏有社会组织 5817 个，其中基金会 73 个，而认定为慈善组织的只有 57 个，占全部社会组织的 0.98%、占基金会总数的 78%"[②]。因此，要促进慈善组织的大力发展，就必须进一步完善慈善

---

① 《中华人民共和国慈善法》，中国法制出版社 2023 年版，第 18—19 页。
② 郑功成：《中国慈善事业发展：成效、问题与制度完善》，《中共中央党校（国家行政学院）学报》2020 年第 6 期。

组织的登记管理制度。

1. 建立差异化的慈善组织准入制度

《慈善法》将慈善组织登记注册制度改为直接登记，其目的是促进慈善事业的蓬勃发展，但慈善组织登记数量依然不足，新增慈善组织反而逐年下降，这说明《慈善法》的立法目的未实现。实证研究的结果表明，我国慈善组织的发展具有较大的区域差异性。因此，慈善组织的登记注册不宜采取"一刀切"的办法，还应该考虑区域差异性。应该建立区域差异性的登记注册制度。对于欠发达地区而言，要适当降低慈善组织登记注册的准入条件，如在资金规模、办公场所、会员数量等方面进行弹性调整，以确保欠发达地区慈善组织的快速发展。只有这样，才能促进立足基层、扎根社区、服务大众的慈善组织的发展，从而为城乡社区治理扩充治理队伍、积蓄参与力量。

2. 建立以发展与服务为导向的登记注册机制

所谓发展导向，就是要把慈善组织的登记注册制度放在推进基层社会治理的大背景下进行优化和完善，通过登记注册制度引导一些草根性组织向慈善组织发展，确保有足够数量和质量的慈善组织参与城乡社区治理。所谓服务导向，就是登记注册制度的目的在于方便持续性的服务，而非服务于间断性的管理，这一制度要与其他支持制度相融合，充分形成合力促进慈善组织发展，推进慈善组织参与城乡社区治理。

3. 完善保障民政部门登记和管理双重职责有效发挥的配套制度

目前，民政部门肩负着慈善组织的登记注册和业务管理双重职责，但由于其他配套政策如人才的配置等未跟上实践的需要，导致管理能力达不到管理要求的情况,从而不利于慈善组织的发展。"省级层面,除了极少数省份外,一个省级民政厅慈善促进与社会工作处通常配备4—5人,真正负责慈善的通常只有1—2人,管理能力很难匹配管理要求;而到了地市以下的民政部门,甚至经常出现只有1人或者无人专门负责慈善工作的情形。"[①] 因此,完善保障民政部门登记和管理双重职责有效发挥的配套制度,化解管理能力的不足十分必要,包括增加编制、配备充足的管理人才,等等。

(三)注重强化监督管理制度

监督管理制度的完备性是一个国家慈善组织发展的重要制度条件。从前文的分析也可以发现,监督管理制度对慈善组织发展的影响仅次于人才培育制度的自变量,是对慈善组织的社会认同度最具影响力的自变量,同时也是对慈善组织参与公共服务的"程度"有显著影响的两个自变量之一。如果说社会认同度是慈善组织存在和发展的基础,那么提供公共服务就是慈善组织存在的价值所在和发展的必然要求。衡量一个慈善组织的公共服务状况,主要取决于它参与公共服务的程度,即它在公共服务活动中的角色位置。然而,目前慈善组织参与公共服务的程度还有待提高。因此,必须强化监督管理制度为慈善组织的发展筑牢防线,以切实提升慈善组织的社会认同度,使得慈善组织更加积极深入地参与公共服务活动。要强化监督管理制度,就必须健全慈善募捐监督体制、慈善运行监督体制和慈善组织评估监督体制。

---

① 章高荣、张其伟:《慈善行政管理体制:职权划分、运行张力及其优化》,《中国行政管理》2022年第2期。

1. 健全慈善募捐监督体制

募捐是慈善活动资金的主要来源，从源头上形成合理的监督体制是完善慈善组织监督管理制度的关键。近年来，在慈善募捐活动中常常出现骗捐、诈捐、摊派、重复募捐、多头募捐等问题。这些问题的出现凸显了政府对慈善募捐监管不力。从目前我国已有的有关慈善的法律条文来看，对慈善募捐监督体制的规定还不够系统和完善，这种制度缺失容易导致实践中慈善募捐缺乏有效的约束和监管。实际上，慈善募捐活动的特殊性需要政府介入进行监管。因为在募捐过程中，受益人往往不在现场，使得募捐表现为募捐人和捐赠人的相对存在，由于捐赠人不是特定的人，从而超出了民法调整的范围，这就为政府介入慈善奠定了基础。① 而在受益人不特定的情况下，募捐人拥有对募捐财产的分配权，受益人的公平公正如何得到保证？即使受益人是明确的特定的，如果出现捐赠款物不到位的情况，受益人是否有权利维护自身权益？谁来进行监督，又由谁来强制执行？这些问题凸显出健全慈善募捐监督制度的必要性和重要性。由于在慈善募捐活动中，募捐人、捐赠人和受益人构成了三方主体关系，因此，有必要对这三方主体的行为进行规范，使其能够积极主动地、合理有序地参与慈善活动。只有这样，才能促进慈善事业的健康持续发展。要健全慈善募捐监督体制，就必须建立募捐人准入监督制度、捐赠人义务监督制度、受益人义务监督制度。

一是建立募捐人准入监督制度。在我国《慈善法》未公布实施之

---

① 李政辉：《论募捐的管制模式与选择——兼评"公募权"》，《法治研究》2013 年第10 期。

前，一些地方为了规范慈善募捐行为，防止混乱现象出现，实施了相关的地方性法规和条例，对募捐准入制度进行了初步探索。比如江苏、湖南、广州、宁波、上海，这些地方对慈善募捐的具体监管模式不尽相同，对募捐主体及准入制度的规定有所差异，但它们基本上都认为具有募捐主体资格的主要是慈善组织以及慈善组织以外的其他组织，而将自然人排除在外。在国外大部分国家和地区立法中，也不承认自然人是募捐主体。有学者认为是基于以下原因。募捐过程中，捐赠人不是特定对象，所募筹款项须用于社会公益事业，受益人也是不确定对象。自然人由于资信、能力有限，且其行为又具有很大的随意性和不确定性，容易出现诈捐、骗捐等情况。① 但在实际生活中，却存在不少个人募捐的行为。尤其是在互联网＋时代，出现了很多通过网络平台进行个人募捐的情况。虽然这些个人募捐行为由于缺乏必要的监管出现了一些问题，但我们认为不能全面禁止这种行为，未来应该在募捐主体准入制度中明确自然人的募捐主体地位。因为，募捐权不仅是一项经济权利，更是公民言论自由权的体现。在募捐过程中，募捐者一方面向公众募集资金，另一方面也在传播思想。② 如果禁止个人募捐，实际上是违反了法律的要求。基于此，我们认为，自然人也应该具有募捐权利，应当享有募捐主体资格。有关法律在制定和完善募捐人准入监督体制时应当考虑到对自然人准入监督制度的设计。

我国一些关于慈善募捐的地方性条例对于各种募捐主体准入监督措施基本上采取了豁免行政许可、申请行政许可和备案三种形式。借

---

① 陈杰：《我国公益募捐准入制度之构建探析》，《理论导刊》2012 年第 11 期。
② 褚蓥：《个人募捐到底应该如何监管》，《中国社会报》2014 年 12 月 22 日第 4 版。

鉴以上规定，并根据不同募捐主体的特点和情形，我们可以分别设计自然人准入监督体制、慈善组织准入监督体制以及慈善组织以外的其他组织准入监督体制。第一，关于自然人准入制度。自然人要取得募捐资格，必须满足一定的条件。首先，自然人应向募捐地民政部门申请募捐许可证。申请许可证需要提供募捐申请书、募捐人身份证明、募捐方案等。募捐方案要写明募捐目的、方式、场所和地域、期限、财产使用计划以及剩余财产处理方法等。其次，应鼓励具有募捐资格的社会组织帮助取得募捐资格证的自然人开展个人募捐活动，对募捐资金进行有效管理。最后，应加强个人募捐行为的事后监督。如果发现个人用非法的方式进行诈捐，或电视、网络等媒体对募捐人的基本情况不经审核就盲目报道、扩散，要追究相应的法律责任。第二，关于慈善组织准入制度。对于慈善组织，由于已经依法登记，其资质和基本情况都已在成立之初进行过审查，开展募捐活动就不再需要申请许可证了，可以在其章程规定的宗旨、业务范围和地域范围内进行募捐，但在展开募捐前要向当地民政部门备案。"募捐只须符合立法规定的条件即可开展。而监督者对募捐行为能否开展无自由裁量权。"① 第三，关于慈善组织以外的其他组织准入监督机制。相关地方性条例规定的其他组织主要是指公益性社会团体和公益性非营利的事业单位，广州将民办非企业单位也纳入其中。这些组织和慈善组织是有区别的，它们并不是以慈善为主要目的，日常运作也不是以慈善募捐为主，因此募捐能力一般比较有限，管理募捐财产的方式也不会很规范，内部

---

① 吕鑫：《我国慈善募捐监督立法的反思与重构——全程监督机制的引入》，《浙江社会科学》2014 年第 2 期。

治理结构也不会很合理。鉴于此，有必要对这种类型的组织设置比较严格的准入制度。有学者建议不能实行单一的许可制或备案制，而应该把二者结合起来。对于常态性募捐，由于涉及资金的长期运作，被挪用滥用的可能性较大，应该实行许可证制度，内部治理和财务制度审查合格的组织才能批准许可证。而对于应急性募捐由于情况紧急如果还进行审查批准将会错过救助最佳时间，则应实行备案制度。①

二是建立捐赠人义务监督制度。捐赠人义务监督制度主要指捐赠人在作出捐赠行为或捐赠的意思表示之后就构成了具有法律效力的承诺，如何要求捐赠人兑现承诺的制度规范。这一制度规范是我国《民法》规定"违反合同的民事责任"的体现。这一民事责任又称违约责任，是合同当事人没有履行合同规定的义务或者未按约定履行合同而依法产生的法律责任。② 2015 年两会期间，时任民政部部长李立国在接受新京报记者采访时明确表示，对于"诺而不捐"以及"多说少捐"的情况，慈善立法应有针对性地增加关于兑现捐赠承诺的相关条款，以法治的方式来解决这一问题。③

由于未设置捐赠人义务监督制度，有些捐赠人可能会随意表达自己的捐赠意思，认为反正没有什么惩罚措施就没有将承诺的资金或实物捐赠到位，甚至反悔，这种行为对于社会是有一定负面影响的。因此，设置捐赠人义务监督制度十分必要。我国《慈善法》规定，捐赠人公开承诺捐赠或者签订书面捐赠协议后经济状况显著恶化，严重影

---

① 孙潇:《物之瑕疵担保责任与债务不履行责任的关系》,《理论学习》2008 年第 5 期。
② 孙潇:《物之瑕疵担保责任与债务不履行责任的关系》,《理论学习》2008 年第 5 期。
③ 张婷、李立国:《建议"兑现捐赠承诺"入慈善法》,《中国社会组织》2015 年第 6 期。

响其生产经营或者家庭生活的，经向公开承诺捐赠地或者书面捐赠协议签订地的民政部门报告并向社会公开说明情况后，可以不再履行捐赠义务。除此之外，募捐人可以将捐赠人的捐赠协议（包括捐赠金额、捐赠时间）及时公开，以方便媒体和群众监督。对于没有特殊情况故意"诺而不捐""多说少捐""拖延捐赠"的捐赠人，要将其纳入社会信用体系，降低其信用资质。如果捐赠人由于不履行捐赠义务导致受益人遭受损害的还要给予物质和精神赔偿。

三是建立受益人义务监督制度。受益人义务监督制度主要指保证受益人在接受捐赠受益时有义务对善款的特定用途做出保证，并在未按原先承诺用途情况下可追回善款的制度规范。《慈善法》虽然规定了捐赠人的责任、义务，要求捐赠人按照协议约定用途使用捐赠财产，但对受益人如何使用捐款捐物没有明确规定，没有形成对受益人的硬性约束制度，如审查、报告、违规处罚等。由于缺少监督，现实生活中有很多受益人接受善款后随意支配，并没有按照约定用途使用，违背了捐赠人的捐赠意愿，这在一定程度上会挫伤捐赠人的捐赠积极性，也会影响慈善的公信力，同时降低捐赠人对社会慈善事业的信任度。因此，我们不仅要对募捐人、捐赠人形成监督体制，对受益人同样要建立义务监督制度。首先，受益人要同募捐人签订善款善物使用协议，受益人如果要改变使用用途应征得募捐人的同意，否则慈善组织有权追回善款，并对受益人进行一定的处罚。其次，慈善组织或其他组织建立受益人使用善款善物信息公开平台，及时将受益人的基本信息、款物的使用情况等在网络上予以公布，以便捐赠人随时查看捐赠款物的使用情况。

2. 健全慈善运行监督体制

在慈善事业的运行过程中，健全的信息公开透明制度、业务年审制度以及舆论监督和人民群众监督制度，可以为慈善事业设立牢固的防腐线，确保慈善事业的透明性和诚信度的提升。慈善事业必须有透明度，一点透明度都没有的话，没有人敢把钱捐出来，这就需要有法律制度作保障。要健全慈善运行监督体制，就必须在健全慈善信息公开透明制度、健全慈善行业业务年审制度、健全舆论监督和人民群众监督制度上下功夫。监督管理制度的完备性是一个国家慈善组织发展的重要制度条件。

一是健全慈善信息公开透明制度。健全慈善信息公开透明制度，为慈善事业在阳光下运行保驾护航，是提高慈善组织公信力的重要突破口。近年来，我国慈善事业陷入信任危机的主要根源在于信息公开制度的不完善。一方面，信息公开、反馈平台建设相对滞后，使慈善信息不能及时公之于众，导致慈善行业无法及时接受法律监督、社会监督和舆论监督。另一方面，慈善信息公开标准不明确，且缺乏相应的问责和追究制度，容易导致慈善信息公开的虚假性等问题。正是这些制度的不健全使善款被挪用，甚至被私吞等现象时有发生。捐赠人不知道自己捐赠的财物到底用在了什么地方，从而产生疑虑和不满，捐赠热情也随之受到严重打击。《2014 年度中国慈善透明报告》整理出了公众最希望了解的关于慈善组织的三方面信息，其中"资金去向与使用状况"排在第一位，其次是"善款来源"。① 可见，完善捐赠款物使用的追踪、反馈以及公示制度是健全慈善信息公开制度的关键。

① 彭建梅：《中国慈善透明报告（2009—2014）》，企业管理出版社 2014 年版，第 59 页。

同时报告还指出，关于慈善组织，公众关注度提高最大的是"组织主要负责人的背景信息"①。近年来，频频出现的慈善腐败问题使公众开始关注慈善组织负责人的相关信息。这表明，慈善组织应公开透明的信息不能仅限于善款善物信息，还要包括慈善组织内部的人事安排、机构设置、财务管理、工资福利等信息。也就是说，慈善信息公开应包括慈善财务信息公开和事务信息公开。针对这些情况，民政部在2018年8月6日发布了《慈善组织信息公开办法》（中华人民共和国民政部令第61号）（以下简称《办法》），该《办法》对慈善组织应该公开信息的内容、方式、期限做了较为详细的规定，对未依法公开信息或信息不真实的惩处也做了规定。该《办法》的出台有助于规范慈善组织的信息公开，我们认为，进一步健全慈善组织信息公开还应该加强这两个方面的工作。首先，要强化内外监督，保证慈善信息公开的真实性。目前，导致慈善信息弄虚作假的根源是慈善组织内外监督的缺位。要解决这一问题，完善慈善组织内部治理机制是必不可少的，但最有效的方式是引入第三方社会监督，也就是由普通公众和社会专业人士组成的团体或评估机构参与慈善组织的监督。② 其次，要设立慈善开放日，敞开式接受公众和社会监督。公众可以现场查阅财务账目、捐赠档案，了解捐赠款使用落实情况，同时还可以就自己的疑问和困惑向慈善工作人员现场提问，也可对慈善工作提出自己的建议。

二是健全慈善行业业务年审制度。慈善行业业务年审制度是指以慈善业务年审为主要手段的监管制度。有着丰富慈善监管经验的西方

① 彭建梅：《中国慈善透明报告（2009—2014）》，企业管理出版社2014年版，第59页。
② 邹世允：《加快建设慈善组织信息公开制度》，《光明日报》2014年4月20日第7版。

国家慈善组织都必须遵循会计报告制度和审计监督制度。英国政府成立了专门的"慈善委员会",颁布了《慈善法》,对慈善组织内部的治理结构、投资行为、财务管理和审计制度进行了具体规定,并且还形成了一系列的监督评估制度。实行多层次的监管机制是美国慈善事业的一大特色,联邦层面的监管主要体现在慈善机构的财务明细须接受国家税务局的严格审核。在我国,国务院出台的《民办非企业单位登记管理暂行条例》也对此有明确规定,凡是由国家资助或社会捐赠的民办非企业单位都要接受审计机关的监督。但是,我国慈善组织在适用会计报告制度和审计监督制度方面还处于比较混乱的状态,这也是导致慈善事业公信力不足的一个重要原因。审计制度对于慈善组织来说至关重要,因为慈善组织是捐赠人与受益人之间的中介载体,社会捐赠目标是通过慈善组织间接实现的,由此必然产生捐赠人与受赠慈善组织之间的委托代理关系。事实上,捐献人、慈善组织、受益人这三方主体都不享有完整的所有权,致使对慈善组织的监督缺乏明确的主体。这就迫切需要审计监督这样一个平台来对慈善组织的运作进行有效约束。因此,一方面,慈善组织需要政府、立法机关为其建立完整的审计制度;另一方面,每个慈善组织内部也要建立规范的审计制度,规模较大的慈善组织还可以成立审计委员会。[①] 具体来说,可以构建政府、社会和慈善组织内部三者联动互补的审计监督模式。首先,内部审计是基础。内部审计部门对慈善组织的第一手资料要足够掌握,可以对慈善组织的信息披露情况、财务报表、重大活动等进行日常持续的审计,并向组织其他部门进行专业解读,然后将审计监督结果向

---

① 张爱民:《非营利组织审计制度研究》,《审计月刊》2008 年第 11 期。

监事会报告。其次，政府审计是主导。为了避免重复审计，提高审计效率和成本，政府只需对慈善组织内部审计报告进行审查，但对慈善组织开展的重大活动和项目要进行跟踪审计和专项审计。最后，社会审计是补充。政府审计部门在进行跟踪审计和专项审计时，考虑到人力资源有限，可以请社会审计组织协助审计。

三是健全社会舆论监督制度。在慈善的整个运行过程中，慈善组织必须要具备主动接受监督的意识，并始终接受舆论监督和人民群众的监督。早在 2004 年 5 月 26 日，习近平总书记在《领导干部要欢迎舆论监督》一文中强调指出："各级领导干部要欢迎舆论监督，主动接受舆论监督，通过运用舆论监督，改正缺点和错误，努力把工作做得更好。"① 同年 8 月 6 日，他在《莫把制度当作"稻草人"摆设》一文中再一次强调："充分发挥新闻媒体的监督作用，该曝光的要曝光，该通报的要通报，该惩处的要惩处。"② 2013 年 4 月 19 日，他在中共中央政治局就我国历史上的反腐倡廉进行第五次集体学习时强调，推进反腐倡廉建设，"关键是要健全权力运行制约和监督体系，让人民监督权力，让权力在阳光下运行"③。同年 12 月 26 日，他在纪念毛泽东同志诞辰 120 周年座谈会上再次强调："坚持群众路线，就要真正让人民来评判我们的工作。"④ 2014 年 1 月 7 日，他在中央政法工作会议上谈到政法机关如何严格执法、公正司法时指出："要坚持以公开促公正、以透明保廉洁，增强主动公开、主动接受监督的意识。"⑤ 公益慈善组织

---

① 习近平：《之江新语》，浙江人民出版社 2007 年版，第 55 页。
② 习近平：《之江新语》，浙江人民出版社 2007 年版，第 71 页。
③ 习近平：《习近平谈治国理政》，外文出版社 2014 年版，第 391 页。
④ 习近平：《习近平谈治国理政》，外文出版社 2014 年版，第 28 页。
⑤ 习近平：《习近平谈治国理政》，外文出版社 2014 年版，第 149 页。

同样也要增强主动接受监督的意识。要强化慈善监督，必须构建全方位的多元化监督体系。既要完善政府监督，又要加强行业自身监督，还要加强舆论媒体和人民群众监督。总之，健全舆论监督与人民群众监督制度，是健全我国慈善事业的监督体制的重要一环。目前，我国慈善组织的舆论监督与人民群众监督显得非常薄弱。一方面，要强化媒体舆论监督。要发挥新闻媒体在慈善组织监督中的作用，确保新闻媒体的独立性，扩大新闻媒体监督的渠道。另一方面，要强化公众监督。人们希望通过相关渠道了解善款的使用情况，不希望善款被贪污或者挪用，但实际上这种信息来源的渠道比较缺乏，人民群众的监督权利也缺乏必要的保障，致使人民群众的监督权发挥不力。因此，健全舆论监督与人民群众监督制度是我国慈善事业发展实践中迫切需要解决的重要问题。

3. 健全慈善组织评估监督体制

慈善组织评估监督体制是对慈善组织的行业准入、等级评估与行业淘汰进行评估的重要机制。有学者指出："加强慈善组织监管的一个成功的突破口和切入点就是要建立一套完整的、合理的、有效的评估机制。"[①] 要健全慈善组织评估监督体制，就必须健全慈善组织评估主体制度、等级评估制度和绩效评估制度。只有健全慈善组织评估主体制度、等级评估制度和绩效评估制度，才能切实增强慈善组织的运作能力，真正提升慈善事业的效能度，从而有力地促进慈善事业的健康和持续发展。

一是健全慈善组织评估主体制度。慈善组织评估主体制度是指对

①　孙萍、吕志娟：《慈善事业发展中的政府角色定位》，《中州学刊》2006 年第 2 期。

慈善组织评估机构进行明确规定，确定评估机构的合法性和权限效能。健全的慈善组织评估主体制度有助于激励和引导慈善组织不断提高其合法性、效能度、诚信度和社会认同度，从而增强其公信力。慈善组织的评估主体一般包括政府、受益人、捐赠人、第三方等。借鉴国外的经验，根据我国慈善组织发展和评估现状，健全慈善组织评估主体制度的关键是健全第三方评估机构组织制度。正因如此，民政部发布的《中国慈善事业发展指导纲要（2011—2015年）》中强调指出，"完善公益慈善组织的第三方评估制度，促进公益慈善组织加强自身建设，发挥好社会作用"。2015年5月民政部又专门发布了《关于探索建立社会组织第三方评估机制的指导意见》，明确建立第三方评估机制是完善社会组织监管体系的重要内容。2016年通过《慈善法》再一次强调慈善组织评估主体制度的重要性。目前，我国比较独立且专业水平较高的第三方评估机构还不是很多，已有的评估机构也缺乏权威性，究其原因主要是制度缺失。没有相关法律对第三方评估机构的准入机制、合法地位、权限效能等进行明确规定。因此，"政府应在政策层面积极介入第三方评估，通过政策明确其合法性，由其独立开展慈善组织评估事务"[①]。

　　二是健全慈善组织等级评估制度。慈善组织等级评价制度是促进慈善组织健康有序发展的重要制度。通过评级制度的实施，管理部门可以实现对慈善组织的分类管理，慈善组织可以对标查漏补缺实现组织持续发展。如何确保等级评估的客观性、科学性和独立性，以及如

---

　　① 徐永祥、潘旦：《国际视角中第三方参与慈善组织评估的机制研究》，《江西社会科学》2014年第8期。

何确保"以评促管、以评促改、以评促建"效果的实现，是当前慈善组织等级评价制度优化的重点方向。

三是要设置持续创新与优化的指标体系。首先，要健全慈善组织等级评估制度，就必须构建科学的慈善组织评估指标体系。因为慈善组织的评估结果是否准确、公正、具有说服力，关键取决于评估指标体系的构建是否科学。由于慈善组织的种类繁多、性质多样，因此，构建科学的慈善组织评估指标体系并非易事，涉及诸多复杂的理论问题。例如，评估指标体系如何既包含共性又体现差异？如何设计测量指标？有学者提出了对非营利组织的"APC"评估理论，即问责（Accountability）、绩效（Performance）和组织能力（Capacity）的全方位评估。这种理论应该说弥补了"三E""三D"和"顾客满意度"评估理论的缺陷。[①] 另外有学者在此基础上进行了更深入的研究，设计了评估慈善组织公信力的四个指标，即使命、能力、绩效、问责，并对每个指标进行了具体操作化。将"使命"操作化为"基本条件"和"非营利性"两个测量指标；将"能力"操作化为"筹资能力"和"人力资源"两个测量指标；将"绩效"操作化为"项目成果""公共关系"和"组织营销"三个测量指标；将"问责"操作化为"治理结构""财务"和"决策"三个测量指标。[②] 我们认为，这一评估指标体系的设计比较详细完整，但是，在实践中还可以根据所评估的慈善组织的具体情况，增加诚信度和认同度方面的测量。我们可以根据上述的评估指标体系，加强对慈善组织的评估监督，并根据各项指标体系进行

---

① 邓国胜：《非营利组织"APC"评估理论》，《中国行政管理》2004年第12期。
② 石亮：《慈善组织公信力重塑过程中第三方评估机制研究》，《中国行政管理》2012年第9期。

打分评级，确立合格、良好、优秀等级别。对于不合格的慈善组织提出整改措施，或取消其合法地位。此外，由于目前我国慈善监督管理制度存在"重准入轻退出"的现象，因此，完善慈善组织退出机制也是提高慈善组织竞争力的客观要求。对于取得合法地位后运行效率低下、运行成本过高，甚至有些借慈善之名进行非法活动的慈善组织，必须采取相应的惩罚措施，或者直接取缔。只有这样，才能确保慈善组织的健康运行，真正提升慈善事业的公信力。

其次，要加大对等级评估指标的宣传力度。目前，在等级评估当中，经常出现慈善组织"临时抱佛脚"的情况，对等级评估指标不了解、不理解的状况经常发生，这不仅影响了等级评价工作的开展，而且消释了评价制度的引导作用。因此，可将等级指标宣传工作前移，委托枢纽性慈善组织开展等级评估的宣传服务，让慈善组织能明确指标体系设置的意涵和目的，按照指标体系规范自身的运营与发展，并能够提前做好等级评估的材料准备工作，减少等级评估的成本支出。

再次，要善用新技术创新构筑线上评估方式。慈善组织等级评估往往是在线下进行的，需要评估专家到现场查看材料对照指标完成打分，尽管这种方式提供了评估专家和慈善组织面对面交流和提问的互动机会，但增加了等级评估的成本，同时也忽略了评估的过程性要求，即只重视组织准备材料的结果。因此，建议创新评估方式，逐渐将信息化、电子化、网络化理念和技术运用于评估中，减少纸质化办公，体现评估的过程性，采取网上提交材料、网上审验材料、网上交流互动以及现场查验核实的评估方式，以确保评估的过程性、客观性和有效性。

最后，要完善等级评估后续帮扶制度。慈善组织等级评估既是慈善组织发展的指挥棒，也是分类管理慈善组织的重要依据。目前对评级结果的重视程度大于后续帮扶，对评级较低的慈善组织没有采取有效的帮扶措施，在政府购买慈善组织服务过程中也倾向于购买评级较高的慈善组织的服务，致使这些评级较低的但专注于社会事业发展的慈善组织陷入发展困境的恶性循环中。因此，要充分挖掘评估结果的运用力度，在政策制度上既要对评分较高的慈善组织进行鼓励和支持，也要对评级较低的慈善组织进行扶持和引导，让评估效用发挥至最大化，进一步激发慈善组织发展的潜力。

四是健全慈善组织绩效评估制度。绩效评估是服务型政府的重要治理工具，慈善组织参与社会治理的绩效关系国家治理目标的实现程度，[1] 对慈善组织进行绩效评估已经成为促进慈善组织规范化、持续性发展的重要手段，也成为国家促进慈善组织发展的重要方式。但与慈善组织的发展需要相比，其绩效评估制度供给是不足的，存在多元主体评估体系未建立、未与其他类型评估形成协调之势、绩效评估指标体系欠缺平衡性等问题，还需要对绩效评估进行创新、完善和优化，以回应慈善组织发展之需要。

首先，要推动多元主体融合的评估体系构建。慈善组织的绩效不仅体现在服务的完成上，更体现在社会效益的实现上和促进慈善组织可持续发展上。要对慈善组织绩效进行全面评价，就必须回应多元主体对慈善组织的多元诉求和多元期待。目前，虽然逐渐建立起了以第

---

① 孙莉莉、钟杨：《慈善组织参与社会治理的绩效评估：理论框架和评估模型》，《宁夏社会科学》2018 年第 5 期。

三方为主体的评估制度，但是第三方评估主体的独立性和专业性还很欠缺，其他相关群体参与评估的机制仍未形成。因此，要不断提升第三方主体的独立性和专业性，积极吸纳同行业从业人员、服务落地社区工作人员、服务接受者以及社区社会公众参与慈善组织的绩效评估，形成以"第三方为主导，相关者共同参与"的多元评估主体机制，全方位评估慈善组织绩效，促进慈善组织参与城市社区发展的效能。

其次，要推动绩效评估与其他类型评估的融合。绩效评估要想真正发挥促进慈善组织规范化和可持续发展的作用，就必须要与其他类型的评估形成融合之势，尤其是事前的需求评估和事中的过程评估。唯有与需求评估相融合，才能客观看到慈善组织服务效果的大小；唯有与过程评估相融合，才能客观看到慈善组织服务效益之高低；唯有将绩效评估与需求评估、过程评估相融合，才能真正实现对慈善组织绩效的评价，进而对慈善组织的发展做出有效引导。为此，要不断创新现有评估机制，充分实现事前—事中—事后三阶段评估的融合，建立健全多阶段考察、多时间点协同、多类型融合的绩效评估机制。

最后，要推动绩效评估指标体系的优化。目前，慈善组织绩效评估指标体系往往是出于为资方考虑而设置的，较少考虑组织绩效与慈善组织发展的相关度，较少顾忌组织绩效与社会效益的关联度。因此，要突破目前重服务完成量和成本支出量的绩效评估指标体系设置，在评估体系中增加组织服务对社会效益的贡献度，服务模式对组织运营的创新度，服务成效与组织发展的关联度的比重。总而言之，通过评估指标体系的优化，不断实现绩效评估的全方位考察，切实发挥绩效评估的引导作用，促进慈善组织在城乡社区治理中优势的发挥。

（四）注重健全人才培育制度

实证研究的结果表明，人才培育制度是正式制度里唯一对慈善组织发展各维度均产生显著影响的自变量。在调查中，调查对象对问题"您认为慈善组织在目前的发展过程中以下哪些方面亟待加强：①宽松的政策法律环境②社会组织活动资金的增加③优秀人才的引进④扩大社会组织的独立性⑤大力的宣传活动⑥社会组织活动范围的扩大⑦社会治理结构或组织结构的完善⑧社会各界对社会组织的正确认识（最多选出三项，并按重要程度进行排序）"和问题"您认为目前社会组织在发展方面存在的主要障碍是①缺乏专业人才②有关职能部门授权不足③知识和技术不足④缺乏法律或相关政策的保障⑤缺乏社会支持，企业不配合⑥组织缺乏活动资金⑦活动领域有限 ⑧其他（最多选出三项，并按重要程度进行排序）"的回答中，排在前两位的都是资金问题和人才问题。在人才流失方面，近1/4（24.1%）的慈善组织全职人员离职频繁，只有一成左右（10.8%）全职人员无离职现象，上一年度（2015年）近1/5（19.7%）的慈善组织专职人员流失率在20%以上。而专职人员流失的原因近半数（47.7%）是因为薪酬待遇太低，三成左右（26%）认为是发展空间狭窄，影响慈善组织人才队伍壮大的根本原因七成多（73.6%）是酬薪制度。在福利待遇方面，全职人员每月薪酬待遇在2000—3500元的占56.9%、在3500—5000元的占38.9%，这就意味着慈善组织全职人员的工资基本上在2000—5000元/月，而给全职人员购满了"五险一金"的慈善组织不达一成（8.4%），半数（55.4%）未购买任何一项。通过进一步调查我们发现，尽管各地方均有一些相关制度、规定涉及要加强慈善组织的人才培育，但对于慈善组织人才的评优、晋职、流动等却并无明确的、专门的制度规定。可见，有关慈善组织的人才培育制度显然不健全、吸引力也不够，导致了慈善组织从业人员的职业声望低，人员流动频繁。调查发现，许多慈善组织负责人都感叹留不住人才，主要原因在于，慈善组织拥有的资源和权利少，薪酬待遇低，慈善组织行业的职业声望低，员工社会地位低。因此，要满足慈善组织的人才需求，就必须健全人才培育制度，从制度层面提高慈善组织工作者的工资待遇和职业地位。

对于这一问题，有研究者在分析社会组织人才队伍时，就指出，当前我国社会组织人员总量和结构都无法满足社会发展需要；社会组织组成人员知识结构、年龄结构不合理等问题也严重制约着社会组织的发展，业务水平难以提高，这导致日趋增长且多样化的社会需求无法得到满足；社会组织人才流动较为频繁，很难留住优秀的人才。[1] 在市场经济条件下，仅靠精神慰藉是难以吸引和留住高素质专业人才的，这导致慈善组织的工作人员大部分属于退休人员或者临时聘用人员。借鉴发达国家的经验，健全我国慈善组织人才培育制度可以从以下两个方面着手。

1. 建立慈善人才职业资格制度

要逐步推行通过考试获取公益类社会组织任职资格的办法，对已经在慈善组织一线长期工作、又有着丰富的实践经验的工作人员，可以采取过渡性的办法，通过对他们进行培训，考核合格，授予相应的

---

① 王新明：《中国特色社会主义建设视域下的社会组织研究》，博士学位论文，中国石油大学，2014 年。

职业资格。① 与此同时，要努力为慈善组织人才成长创造良好环境，提高慈善组织从业人员的职业声誉，为慈善组织发展提供人才数量与质量的支撑。同时，高度重视慈善组织人才的选拔与培训制度建设。只有这样，才能促进公益慈善职业化。

2. 要建立慈善人才激励制度

要高度重视慈善组织人才的招聘、评优、晋职、流动等制度建设。要理顺机制，解决慈善组织职业规划和人员结构问题。② 首先，政府要加强慈善组织人才建设，增加对慈善组织人才的补贴和财政投入。慈善组织的发展单纯依靠个人的理想和激情来开展是远远不够的，必须要为其员工提供具有竞争优势的薪酬水平。③ 正如美国著名管理学家赫伯特·西蒙曾经所指出的，组织是一个参与社会行动的主体，这个行动主体的行动是在全体组织成员相互联系相互影响的过程中形成的，组织中的每一个成员为组织所做贡献的大小都受到从组织所获得的激励大小的影响，只有在组织成员所获得激励不少于其对组织所做出的贡献时，他们才会继续在组织中工作④。因此，要健全我国慈善组织人才培育制度，填补慈善组织发展的人才缺口，就要建立健全科学合理、促进竞争又能激发活力的薪酬体系和制度。具体来说，对于公益性社会组织的员工，可以根据不同的职位设置不同的薪酬分配方案，例如对高级管理人员实行"年薪制"和"岗位工资制"，而对于普通员工，

---

① 张绍华：《社会组织社会工作人才队伍建设研究》，《中国社会组织》2012 年第 7 期。
② 和慧卿：《建设社会组织人才队伍的思考》，《中国社会组织》2013 年第 4 期。
③ 和慧卿：《建设社会组织人才队伍的思考》，《中国社会组织》2013 年第 4 期。
④ 郑琦、乔昆：《完善社会组织从业人员的激励机制》，《社团管理研究》2011 年第 12 期。

可以根据市场情况实施"岗位工资制度"。其次，我们应该建立科学合理的职称和职级管理制度，使员工有合理的晋升渠道。公益性社会组织中的许多职位对从业者的专业性和意愿要求很高，合理的职称职级管理体系、通畅的职称晋升渠道是激发组织工作人员工作积极性，促进从业人员提高能力的重要途径，也是慈善组织招纳优秀人才、留住优秀人才的重要保障。最后，要督促、支持慈善组织为其工作人员提供法定的社会保障待遇。完善以养老保险和医疗保险为重点的社会保障制度，形成国家、社会和单位相结合的人才保障体系，是《国家中长期人才发展规划纲要（2010—2020)》中提出的一项重要任务。然而，目前不少社会组织（特别是慈善组织）从业人员的法定社会保障待遇没有得到落实。尽管其原因是多方面的，然而，由于公益性社会组织是追求社会福利的组织，它们与其他类型的以盈利为目的的组织不同，因此，国家必须出台相关优惠政策，完善此类社会组织员工的社会保障权益。

第六章　非正式制度环境对慈善
组织发展的影响

在影响慈善组织发展的因素中，非正式制度也是一个关键变量。本章在构建非正式制度具体指标的基础上，运用实证分析的方法，从"决策参与""人文环境""交流合作""接受程度"四个维度，探讨非正式制度环境对慈善组织社会认同度、资源获取能力、参与公共服务的积极性的影响。

第一节　非正式制度环境的测量指标

本书将"非正式制度环境"操作化"决策参与""人文环境""交流合作""接受程度"四个测量指标，具体表述为"当地政府接纳慈善组织参与相关决策""当地的社会人文环境有利于慈善组织发展""慈善组织与政府、企业的合作越来越多""慈善组织被越来越多的人理解接受"四个指标。以上每个指标分为"很不赞同""不赞同""一般""赞同""非常赞同"五个维度，并依次赋值 1、2、3、4、5 分。得分越高，说明该制度环境越好，见表 6 - 1。

表 6 – 1　　　　　　　　　　非正式制度各维度情况

维　　度	N	均值	方差
政府接纳慈善组织参与相关决策	1182	4.24	0.384
当地的社会人文环境有利于慈善组织发展	1182	4.12	0.304
慈善组织与政府、企业的合作越来越多	1182	4.24	0.798
慈善组织被越来越多的人所理解接受	1182	4.37	0.523
有效的 N（列表状态）	1182	—	—

测量非正式制度环境对慈善组织影响的"决策参与""人文环境""交流合作""接受程度"四个维度的分值区间均为 1—5 分，理论均值为 3 分。从表 6 – 1 可以得知，非正式制度四个维度得分由高到低依次为"接受程度""决策参与"与"交流合作""人文环境"，换算成百分制分别为 87.4%、84.8%、84.8% 和 82.4%，得分均超过 80 分，得分相对较低的是"人文环境"。可见，慈善组织的非正式制度环境良好。近年来，国家对慈善事业和慈善组织在社会治理中作用的重视程度不断提高，慈善组织的生态环境也日趋变好，政府、企业、社会公众越来越接受和认可慈善组织，政府、企业与慈善组织的交流合作也越来越多。

通过进一步分析发现，不同地区慈善组织之间的非正式制度环境存在着差异性。在我们调查的上海市、湖南省、云南省三地中，非正式制度的前两项指标差别不大，但是后两项指标（"慈善组织与政府、企业的合作越来越多"和"慈善组织会被越来越多的人所理解接受"）存在较大差异，上海市的指标优于云南省和湖南省。在"慈善组织与政府、企业的合作越来越多"方面，湖南省低于云南省。这是因为，作为近代中国经济和文化中心，上海市慈善组织的发展具有深厚的历史底蕴。早在 19 世纪末 20 世纪初上海市就已经出现了大量慈善组织，中国红十字会就诞生在上海市。抛开慈善组织创办者当初成立组织的目的和诉求不说，他们的作为对今天慈善事业以及慈善组织的发展产生了重大且深远的影响这一点是不可否认的。

第二节　非正式制度环境与慈善组织的社会认同度

本书以非正式制度为自变量，以慈善组织的社会认同度各维度为因变量建立多元线性回归模型，探讨非正式制度对慈善组织社会认同度的影响。具体情况见表 6-2。

表 6-2　　　　以慈善组织社会认同度各维度为因变量建立
多元线性回归模型

自变量	因变量					
	合法性地位	使命感	公信力	诚信度	服务能力	工作人员的职业道德
决策参与	0.412	0.117*	0.201**	0.163	0.216**	0.114*
人文环境	0.341	0.197**	0.122**	0.196**	0.239	0.154**
交流合作	0.498**	0.129**	0.131**	0.141**	0.294	0.117**
接受程度	0.117**	0.262**	0.101*	0.161**	0.163**	0.492**

注：* 表示 $p < 0.05$；** 表示 $p < 0.01$。

从表 6-2 中数据来看，"接受程度"对慈善组织社会认同度各维度均有显著正向影响，即"慈善组织越是为公众所理解接受"，慈善组织的社会认同度就越高；"决策参与"对慈善组织的使命感（0.117*）、公信力（0.201**）、服务能力（0.216**）和工作人员的职业道德（0.114*）有显著正向影响；"人文环境"对慈善组织的使命感（0.197**）、公信力（0.122**）、诚信度（0.196**）和工作人员的职业道德（0.154**）有显著正向影响；"交流合作"对慈善组织的合法性地位（0.498**）、使命感（0.129**）、公信力（0.131**）、诚信度（0.141**）和工作人员的职业道德（0.117**）有显著正向影响。

第三节 非正式制度环境与慈善组织的资源获取能力

本书以非正式制度为自变量，以慈善组织资源获取能力各维度为因变量建立多元线性回归模型，探讨非正式制度对慈善组织资源获取能力的影响。具体情况见表6-3。

表6-3 　　　　以慈善组织获取资源能力各维度为因变量
建立多元线性回归模型

自变量	因变量		
	组织2016年度总收入（万元）	组织2016年度承接各类项目数量	组织2016年度项目收入（万元）
决策参与	0.117*	0.233**	0.093
人文环境	0.102**	0.125**	0.128
交流合作	0.151**	0.136**	0.218**
接受程度	0.192	0.153	0.119*

注：* 表示 $p < 0.05$；** 表示 $p < 0.01$。

从表 6 - 3 中数据可以得知，"交流合作"（"慈善组织与政府、企业的合作越来越多"）对慈善组织 2016 年度年度总收入、承接各类项目数量和项目收入都产生显著正向影响，即慈善组织与政府、企业的合作越多，慈善组织 2016 年度年度总收入以及承接各类项目数量和项目收入也就越多；"决策参与"和"人文环境"对慈善组织 2016 年度总收入以及 2016 年度承接各类项目数量产生显著正向影响；而"接受程度"对慈善组织 2016 年度项目收入（0.119*）有显著正向影响。

第四节　非正式制度环境与慈善组织

参与公共服务的积极性

由于慈善组织参与公共服务的频率和规模属于连续变量，因此，可以建立线性回归模型进行分析，见表 6 - 4。慈善组织在参与的各类公共服务活动中的角色情况为定类变量（"活动的合作参与者及其他" = 0，"活动的组织者" = 1），所以要建立 LOGISTIC 模型进行分析（取置信度为 95%）。具体情况见表 6 - 5。

表 6 - 4　　　以慈善组织参与公共服务的频率和规模为因
变量建立多元线性回归模型

自变量	因变量	
	参与公共服务的频率	参与公共服务的规模
决策参与	0.267	0.155**
人文环境	0.125	0.170
交流合作	0.174**	0.153**
接受程度	0.292**	0.135**

注：* 表示 $p < 0.05$；** 表示 $p < 0.01$。

从表 6 - 4 中数据来看，对慈善组织参与公共服务的频率有显著影响的有"接受程度"（0.292**）和"交流合作"（0.174**）；对慈善组织参与公共服务的规模有显著影响的有"决策参与"（0.155**）、"交流合作"（0.153**）和"接受程度"（0.135**）。其中，"接受程度"和"交流合作"对慈善组织参与公共服务的频率和规模均有显著影响，而"人文环境"对慈善组织参与公共服务的频率与规模均无显著影响。也就是说，"人文环境"并不影响慈善组织参与公共服务的频率和规模。或者说，至少不能从其中发现统计学规律。

表 6 - 5　　　以慈善组织参与公共服务活动的角色情况为因变量建立的 LOGISTIC 模型

自变量	公共服务活动的参与者/组织者	
	回归系数	显著度
决策参与	0.969	0.000
人文环境	0.286	0.342
交流合作	0.451	0.000
接受程度	0.197	0.202

从表 6 - 5 可以得知，非正式制度四个指标中对慈善组织在各类公共服务活动中是"活动的合作参与者"还是"活动的组织者"有显著影响的有两个，即"决策参与"和"交流合作"，这两项指标与慈善组织在各类公共服务活动中是"活动的合作参与者/活动的组织者"均呈正相关关系，即慈善组织及其工作人员对"当地政府接纳慈善组织参与相关决策"和"慈善组织与政府、企业的合作越来越多"的评价越高，慈善组织就越有可能深入地参与各类公共服务活动，成为活动

的组织者。

大量的国际研究表明，随着经济社会的发展，各国政府对公益性社会组织和机构的信任程度越来越高，与慈善组织的合作也在不断地增加。因为，慈善组织能够弥补政府部分职能的不足。可以说，在当代社会，政府为了满足公众多样化的服务需求，越来越愿意将自身的部分职能转交给慈善组织去实现。正如 Salamon 所指出的："许多国家政府采用资助、合同、服务消费券等间接行动工具，将公共财政资助的服务转交到慈善组织手中。"① 与此同时，各国政府发现在将第三部门引入公共项目的运作和政府职能承接的过程中，还必须让其在政府项目设计中担任一定的角色（如共同制定相关政策），以防在项目运行时出现扭曲公共目标的现象。加拿大在这方面提出了"志愿部门协议"。即使像法国和日本这样长期以来在政策制定上采取政府主导的国家，也逐步建立起了正规的社会组织联系办公室或"社会经济"机构。毫无疑问，这一系列的举措能够有效地促进发达国家慈善组织的发展。②

我们在调查中也发现，当前我国政府与慈善组织之间的合作也越来越多，在对"近三年来，您的组织与政府的合作形式是"的回答中，排在前三位的依次是" 政府提供场地、人力、技术等方面支持"（68.2%）、"政府为组织项目和活动提供资金"（62.7%）和"政府提供政策便利，如注册、免税等"（61.1%）。但是，慈善组织在"决策参与"方面还有待进一步提升，只有四成左右（40.3%）认为表现好，

---

① Lester M. Salamon, *The Pools of Government*, NY: Oxford University Press, 2002, p. 107.

② 赵佳佳:《当代中国社会组织扶贫研究》，博士学位论文，吉林大学，2017 年。

具体见表6-6，而组织建议能为政府采纳的不到四成（36.0%），具体见表6-7。

表6-6　　　　　慈善组织参与政府政策制定与执行表现

表现		频率	百分比（%）	有效百分比（%）	累积百分比（%）
有效	0	1	0.1	0.1	0.1
	很不好	32	2.7	2.7	2.8
	不好	124	10.5	10.7	13.5
	一般	539	45.6	46.2	59.6
	比较好	445	37.6	38.1	97.8
	非常好	26	2.2	2.2	100.0
	合计	1167	98.7	100.0	—
缺失	系统	16	1.4	—	—
合计		1183	100.1	—	—

表6-7　　　　　您的组织向政府提出的政策建议

政策建议情况		频率	百分比（%）	有效百分比（%）	累积百分比（%）
有效	没有提出过政策建议	330	27.9	27.9	27.9
	基本上不被采纳	427	36.1	36.1	64.0
	部分被采纳	318	26.9	26.9	90.9
	基本上都采纳	107	9.0	9.1	100.0
	合计	1182	99.9	100.0	—
缺失	系统	1	0.1	—	—
合计		1183	100.0	—	—

第五节　讨论与对策

一　讨论

本章在分析非正式制度环境各维度的基础上，从"决策参与""人文环境""交流合作"和"接受程度"四个维度，探讨了非正式制度对慈善组织发展的影响。本章的主要发现有以下几方面。

（一）从总体上看，慈善组织及其工作人员对有关慈善组织的非正式制度的评价较高

非正式制度四个方面的得分换算成百分制均超过 80 分，其高低依次为"接受程度""决策参与"与"交流合作""人文环境"，得分相对较低的是"人文环境"为 82.4 分。

（二）"接受程度""决策参与""交流合作"和"人文环境"对慈善组织社会认同度各维度分别产生影响

具体情况为"接受程度"对慈善组织社会认同度六个维度均有显著影响；"决策参与"对慈善组织的使命感、公信力、服务能力和工作人员的职业道德有显著影响；"人文环境"对慈善组织的使命感、公信力、诚信度和工作人员的职业道德有显著影响；"交流合作"对慈善组织的合法性地位、使命感、公信力、诚信度和工作人员的职业道德有显著影响。

（三）"决策参与""交流合作""人文环境"和"接受程度"
对慈善组织资源获取能力各维度分别产生影响

具体情况为"决策参与""人文环境"对慈善组织的"年度总收入"和"承接项目数"两个指标均有显著影响；"交流合作"对慈善组织资源获取能力的三个指标均有显著影响；"接受程度"对慈善组织的"项目收入"有显著影响。

（四）"决策参与""交流合作"和"接受程度"对慈善组织
参与公共服务积极性的各维度分别产生影响

具体情况为"决策参与"对慈善组织参与公共服务的"规模"和"程度"两个指标有显著影响；"交流合作"对慈善组织公共服务积极性的三项指标均有显著影响；"接受程度"对慈善组织参与公共服务的"频率"和"规模"两个指标有显著影响。

因此，研究假设2得到了验证。

二　对策

（一）提升社会认知

在具体的社会互动情境中，对慈善组织的片面认知甚至错误认知，极大地影响了慈善组织发展的进程，社会认知偏差已经成为阻碍慈善组织发展的最为重要的非正式制度影响因素之一。因而，纠正社会认知偏差，树立正确社会认知是推进慈善组织发展必须重视的工作。心理学认为，社会认知偏见是在认知主体、认知客体和环境相互作用的基础上，在社会交往互动中形成的。因此，要提升社会认知，就必须从根本上改变社会认知偏见，改变认知主体的习惯性认知，加强认知主体之间的沟通。

1. 改变政府工作人员对慈善组织的社会认知偏差

政府在推进慈善组织发展中具有无可替代的作用。政府，尤其是基层政府的工作人员，对慈善组织所形成的认知关乎慈善组织在城乡社区治理中的参与状况。因此，改变政府工作人员对慈善组织的社会认知偏差，已成为促进慈善组织发展的非正式制度建设中的关键一环。

一是要改变政府工作人员以往"官本位"的思想。[①] 要充分肯定慈善组织的积极作用和独特功能，积极推动慈善组织发展。目前，尽管地方政府治理理念由"全能型政府"向"有限政府"和"服务型政府"转变，但旧有的"全能型政府"思维模式仍旧在起作用，基层政府对慈善组织事务的直接干预时有发生，其经常抱有工具实用主义的心态，采取行政化的手段推动慈善组织服务的提供，甚至还出现公共服务外包中的"利益输送"和"权力寻租"状况。[②] 这一切都表明，地方政府的合作治理理念仍未完全树立，"官本位"的思想依旧发挥作用，未对慈善组织形成合理认知。因此，转变思想，改善行为，完善认知，仍是当前基层政府的紧迫事务，也是推进慈善组织发展的关键任务。

二是要改变政府"部门或地方保护主义"的心态。我们应该打开社区大门，欢迎和发展慈善组织，为众多慈善组织的发展提供足够的

---

① 陈思、凌新：《社会治理精细化背景下慈善组织效能提升研究》，《理论月刊》2017年第1期。

② 黄蓝、黄建荣：《合作治理视域下地方政府购买公共服务策略优化研究》，《学术论坛》2016年第5期。

空间和条件。社区"多元共治"局面的形成需要不同类型的慈善组织的参与，这里的不同类型既包括服务领域的不同，也包括生成渠道不同，既需要本地慈善组织，也需要外地慈善组织。由于目前慈善组织的登记注册以县区级及以上的民政部门为主，所以很多区县级政府为了保护本地慈善组织的发展，在项目发包和政策支持上，对外地慈善组织则采取限制的方式，设置了一些条条框框，阻碍其参与本地社区的治理。这虽然在一定程度上保护了本地慈善组织的发展，但是从长远来看，则限制了本地慈善组织与其他地方慈善组织的交流互动，不利于激发慈善组织的活力。从另一方面来看，慈善组织本身就发挥着推动社区慈善组织发展、社区社会公众志愿参与、公共精神培育的功效，引进外地慈善组织参与本地城乡社区治理，不仅可以扩充社区治理的力量，而且可以激发社区慈善组织的活力。

三是要正确认识慈善组织在城乡社区治理中的作用。在慈善组织监管中要剔除直接的行政干预，加强扶持和引导。要积极参加各类慈善组织活动，以了解慈善组织相关知识，提升认知，消除认知偏差，推动慈善组织发展。并且，政府要助力慈善组织的发展，通过线上线下等宣传媒介对慈善组织开展广泛的宣传，不断扩大慈善组织的影响力，积极传播"第三方文化"①，使社会公众更多地了解慈善组织。

2. 改变社会公众对慈善组织的社会认知偏差

公众支持是慈善事业发展的重要条件。可以说，公众支持为慈善

---

① 张志刚：《第三方文化：慈善组织有效参与社会治理的精神支撑》，《大连理工大学学报》（社会科学版）2014 年第 3 期。

组织发展奠定了良好的社会基础。在美国，尽管一些大富豪个人捐款数额巨大，但其慈善捐款的绝大部分不是来自这些大富豪而是来自普通社会公众，美国慈善事业捐款的70%以上来自普通社会公众。[①] 其实，从前文的分析中我们已经得知，上海市慈善组织的发展之所以好于湖南、云南两地，与上海市悠久、发达的慈善文化密切相关。可见，提升公众对慈善事业的理解接受，乃至支持参与对慈善组织的发展具有重大意义。调查中，我们发现，当前我国社会公众对慈善事业大多能理解接受（不理解反对的很少，仅2.6%），但真正能够投身慈善事业、参与慈善活动的只有少部分群体（占36.8%），具体情况见表6-8。

表6-8　　　　社会公众对慈善组织的活动主要持什么态度

	态　度	频率	百分比(%)	有效百分比(%)	累积百分比(%)
有效	不理解反对	31	2.6	2.6	2.6
	无所谓	321	27.1	27.2	29.8
	支持,但参与较少	395	33.4	33.4	63.2
	支持,且愿意参与	435	36.8	36.8	100.0
	合计	1182	99.9	100.0	—
缺失	系统	1	0.1	—	—
合计		1183	100.0	—	—

① 王忻：《美国盛行小额捐款》，《环球时报》2004年3月17日第15版。

因此，获取社会公众的认可，促进他们正确认知的形成，使之积极参与慈善活动，是推动慈善组织发展的主体基础。

一是要逐步消除社会公众"家丑不可外扬"的片面认识，积极拓展社会资本。目前，社会公众在遇到困难时，首先想到的是亲朋好友和政府，慈善组织被排除在外，这给慈善组织在社区开展服务和参与治理带来了挑战。造成这种现象的原因是多方面的，但主要原因在于社会公众"家丑不可外扬"的固有思维和当地慈善组织缺乏影响力。因此，要通过多种手段呼吁和倡导社会公众思维的改变，逐渐形成向慈善组织求助的习惯。首先，要开展慈善组织知识普及活动，利用社区媒介广泛宣传慈善组织知识，增进社会公众对慈善组织功能和作用的了解。其次，要加强社会公众桥接型社会资本建设，积极发挥"弱联结关系"的效用，构筑和加强社会公众与慈善组织之间的联系，推动社区社会资本建设，从而改变已有的求助方式。

二是要逐步消除社会公众"公益等于慈善""公益是不拿工资的""公益零成本"的片面认识，确保慈善组织服务的专业化和从业人员的职业化。目前，公益需要成本的观念仍旧没有深入人心，各种对慈善组织成本的误解接踵而至，影响了慈善组织的健康发展。实际上，与一般志愿组织不同，慈善组织需要专业化高质量的人才，需要对员工进行不断培训，需要不断创新解决问题的方法，也需要良好的运营。而无厘头地强调"公益零成本"不仅不能确保慈善组织的非营利性，还会挫伤慈善组织参与社会治理的积极性。任何公益活动都需要成本，慈善组织服务的专业性更需要资源支撑，合理的成本支出才是确保慈善组织健康可持续发展的有效保障。因此，要积极宣传现代慈善理念，通过直接接触和体验式参与的方式提高公众对慈善组织成本的正确认识，为慈善组织专业化、职业化、持续性地参与城乡社区治理提供环境支撑。只有这样，才能为慈善组织持续参与城乡社区治理活动提供不竭的动力。

三是要逐步消除社会公众"各人自扫门前雪，休管他人瓦上霜"的片面认识，激发他们参与公益活动的热情，为慈善组织发展提供资源支持。目前，在中国社会转型的大背景下，社区作为"地域社会生活共同体"的意味越来越淡，而作为"国家治理单元"的意味却越来越强，① 社区居民的归属感和社区参与感也愈发下降。其原因不仅在于基层政府的"工具主义"治理策略，而且源于城市基层社会的组织化程度低，② 还源于"利己主义"的生活态度。要破解这一困境，不仅需要政府做出努力，更需要社区尤其是社区社会公众做出改变。社区应通过各种社区活动或社区服务，以消除人们对社区公共事务的冷漠，并恢复社区互助的传统，重建社区公共精神，不断增强社区居民的社区归属感，提升社区居民对公共事务的参与度，为慈善组织发展提供良好的社会土壤。此外，还要充分发挥新闻媒体的重要作用。一方面，媒体报道应该以正面报道为主，通过正面教育弘扬正能量，培养公民慈善意识，引导社会公众向善行善，助力慈善事业发展。另一方面，媒体报道的内容除了相关的活动内容外，还应该增加政策性解读、律法普及、理论导引等内容，以普及慈善知识、传播慈善文化，进而端正公众对慈善组织的认识，加深公众对慈善组织的了解。通过积极发

① 黄锐、文军：《走出社区的迷思：当前中国社区建设的两难抉择》，《社会科学》2013年第2期。
② 高红、杨秀勇：《慈善组织融入社区治理：理论、实践与路径》，《新视野》2018年第1期。

挥新闻媒体对公民慈善意识的改造作用，能够夯实慈善组织社会认同的基础，使慈善意识深入人心，进而鼓励、引导公众积极投身慈善活动。

3. 促进慈善组织自我行动进而增进社会认知

作为社会认知的客体，慈善组织更要主动而为，积极而为，通过自身不懈努力，加深公众对其的了解，不断增进社会认知。

一是要祛除"做好事不留名，做事不要太高调"的片面认识，要做好服务宣传和理念营销工作，不断提高其在城乡社区治理中的参与度和影响力，增强政府和公众对自身的认识。目前，慈善组织或多或少陷入"只闷声做事，不展开宣传"的旧慈善理念中，缺乏对自己有力的宣传和广泛的营销，这也是导致社会公众对慈善组织不了解的重要原因之一。实际上，慈善组织不仅承担着提供社会服务的功能，而且还扮演着社会价值塑造者的角色，通过"倡导合乎社会需要的价值观念，影响人们的行为"[1] 以达到正向价值观的塑造。在慈善组织服务提供的过程中，充满着"平等、信任、团结、融合"的价值理念，承载着"助人为乐、帮贫扶弱、诚实守信"的传统美德，弘扬着"奉献、友爱、互助、进步"的志愿精神，这些正是当代社会所需要的。可以说，慈善组织开展服务宣传和理念营销，既是增进社会认知的必要手段，也是践行本质使命的重要体现。因此，慈善组织要主动而为，将服务宣传和理念营销工作提升到使命践行和愿景实现的战略高度，通过不断努力增进公众的社会认知，塑造符合当代社会的正向价值观。

---

[1] 李维安：《非营利组织管理学》，高等教育出版社 2013 年版，第 6 页。

二是要提高自身能力，强化能力建设，提升服务质量，提高专业水平和治理能力，进行有效的自我展示，自我推销，进而提高政府和公众对自身的认知和认同。在提升慈善组织能力的过程中，不仅要加强服务能力建设，而且要加强文化能力建设。前者关注的是慈善组织的业务素质，即通过能力提升确保优质服务的提供；而后者更强调慈善组织的文化建设，即开展由组织的价值观、信念、仪式、符号、处事方式等组成的其特有的文化形象的建设。慈善组织文化不仅发挥着凝聚人心、激励员工以及规范行为的功能，也发挥着向社会公众展示组织风貌、宣扬组织精神的作用。目前，大部分慈善组织的能力建设都放在了服务能力建设方面，而忽略了组织文化能力建设。因此，慈善组织要在不断提高业务素质的同时，投入资源和精力构建系统的组织文化，以推动慈善组织文化建设，为社会公众树立良好的组织形象。

三是要积极推动慈善组织文化建设，通过多种途径展现和宣传慈善组织文化，不断提升慈善组织文化传播力、影响力和穿透力。第一，政府要协助慈善组织进行文化建设，做好组织使命梳理、组织精神培育、组织价值提炼等工作，不断推进慈善组织的文化能力建设，提升组织的凝聚力和向心力。第二，要做好慈善组织的形象建设，包括组织公关、产品宣传、纪念庆典、Logo 符号等，[1] 让社会公众了解不同慈善组织的文化和文化理念，不断提升慈善组织文化的传播力。第三，要深挖慈善组织的文化载体，通过慈善组织的优秀事迹、行业精英、

---

① 张志刚：《第三方文化：慈善组织有效参与社会治理的精神支撑》，《大连理工大学学报》（社会科学版）2014 年第 3 期。

先进人物、传奇故事等素材的挖掘，积极推广慈善组织文化，不断提升慈善组织文化的影响力。第四，要挖掘慈善组织文化的正能量，以慈善组织文化建设推动社会资本建设，热心传播和努力弘扬"社会团结、互助友爱、积极向上"的文化价值，不断提升慈善组织文化的穿透力。

（二）增强社会信任

良好的社会信任，是慈善组织发展的重要条件。然而，在实践中，慈善组织往往处于"不被其他社会主体信任"的困境中，其作为社会治理主体的地位往往受到怀疑或忽视，信任危机频繁发生。因此，破解信任危机和增强社会信任也是当前促进慈善组织发展的重要工作。正如学者所言，"忽视信任困境发展的社会转型背景，那么就难以对信任困境有正确认知"[1]。因此，要分析慈善组织的信任危机及其对策，就要结合当前社会转型的背景。在行政管理领域，我国正在经历国家治理的转型，这种转型带来的不确定性很容易诱发信任危机。政府由"全能型/管理型政府"向"有限型/服务型政府"转变。在传统规则失效、新的社会规则尚未建立之前，人们对慈善组织在社会治理中的地位和作用感到"陌生"和"不确定"，这种陌生感和不确定感导致一些政府工作人员对慈善组织"不信任"，往往既有促进其成长的愿望，又有对其发展的恐惧。因此，增强社会信任的根本途径在于制定新的规则。当然，目前的紧要工作还在于进一步转变思想，政府要摒弃以工具主义对待慈善组织的思想，要承认慈善组织在社会福利供给

---

① 赵丽涛：《我国深度转型中的社会信任困境及其出路》，《东北大学学报》（社会科学版）2015 年第 1 期。

体系中不可或缺的地位，要将慈善组织视为合作伙伴，而不是将其视为伙计式廉价劳动力。[①]

在经济与社会领域，市场经济的不断发展导致以传统的"熟人社会"为基础的社会信任发生机制逐渐瓦解，个人的利益追求在"陌生人社会"中被改写和放大，建立在旧有规则上的社会信任资源被破坏了，加之"社会陌生化"又造成了人际交往中的工具理性至上，即在社会交往中越来越追求短期效益，[②] 日常社会的社会信任危机由此产生。这种信任危机逐渐扩大到慈善机构。一方面，与传统的福利满意度方式相比，慈善组织是陌生的，代表着一种不确定性，"它真能给我解决问题吗？""它真能推进社区治理吗？"成为社区及社会公众心中的疑惑；另一方面，与企业相比，慈善组织的社会效益难以在短期内得到体现，社会在"追求短期利益"的过程中产生了"不信任"。而信任危机又反过来对慈善组织发展产生影响。

因此，我们不仅要从制度入手，深化市场体制改革，建立新的信任制度，而且要重建社会信任的道德基础，建设有中国特色的信任文化。首先，加强慈善组织的正式制度建设，构建慈善组织运行的稳定制度环境，让慈善组织的"神秘感"充分展现在社会的"阳光下"，接受社会公众监督。尤其要完善慈善组织的司法体系，对慈善组织的失信行为建立严格的惩戒制度，确保形成有关慈善组织的信任机制。其次，要搭建慈善组织信息平台，及时、公开与透明地展示慈善组织

---

① 杨丽等：《慈善组织参与社会治理：理论、问题与政策选择》，《北京师范大学学报》（社会科学版）2015年第6期。

② 程倩：《转型期社会信任资源问题探析》，《四川师范大学学报》（社会科学版）2016年第1期。

运行信息以满足社会公信力的信息需求，加强慈善组织与公众的互动与交流，不断提高慈善组织的公信力。最后，慈善组织要不忘初心，积极履行组织使命，实现组织愿景，在行动中逐步实现其他社会主体对慈善组织的信任。

（三）重塑公共精神

公共精神是慈善组织发展的重要社会基础。具有公共精神的社区社会公众也可以成为推进慈善组织深度参与城乡社区治理的重要资源。然而，公众对公共事务的冷漠、社会公共责任的忽视和公共精神的缺失已成为社会现实，也成为影响慈善组织参与社会治理的一个重要的非正式制度因素。因此，重塑公共精神，是推进慈善组织发展的必要工作。要重塑公共精神，就必须强化正式制度约束，加强道德规范建设，推进社会公众参与。

1. 强化正式制度约束

尽管公共精神属于非正式制度，但与正式制度紧密相关。公平公正的制度环境，是公民有序参与国家政治、经济、文化生活的条件和保障。合理的制度对公共精神的提高有着非常重要的作用。① 要重塑公共精神，必须设计一套正式的制度，通过制度来强化公共责任，增强公共意识，履行公共责任，培育公共精神。例如，志愿服务制度的设计使公众能够积极参与公益事业。然而，目前由于《志愿服务条例》的配套政策还不健全，运行不力，导致规范和指导效果不佳，在重塑公共精神方面发挥的作用还不够。同时，在社会上也存在一些忽视公

---

① 赖纯胜：《论国家治理现代化过程中公共精神的培育》，《学术论坛》2015 年第 4 期。

众利益，肆意侵犯他人权利，故意逃避公共责任的现象，这些现象必须依靠正式制度进行约束。因此，一方面要加强有关政策法规的贯彻落实，尽快发布配套政策和具体实施规范，有效地推动政策从文字走向实践，积极发挥规范和引导作用，促进公众参与社会事务，进而塑造公众的公共精神。另一方面，要不断完善和创新现有制度，完善公共精神责任体系的法治建设，将公民行为纳入公共规范范畴，明确公民的公共行为细则，① 对违反公共精神的行为进行严格惩处，进而在制度的约束下不断塑造社会公众的公共精神。

2. 加强道德规范建设

公共精神实质上是理性化的道德态度与道德情怀。要重塑社会公众的公共精神，就必须加强社会道德建设。一是要继承发扬传统文化中的优秀道德品质。中华民族历史源远流长的最为重要的原因就是传统优秀文化的不断浸润，传统文化中蕴含着丰富的公共精神要素，"勿以恶小而为之，勿以善小而不为""天下兴亡，匹夫有责""先天下之忧而忧，后天下之乐而乐""积善之家，必有余庆"等无不体现着古人对"公共精神"的追求。借助优秀传统文化来培育社会公众的公共精神，无疑是重塑社会公众公共精神的重要途径和必要手段。二是积极弘扬社会主义核心价值观，构筑"民主法治、公平正义、社会参与、责任担当、邻里和睦和诚实互惠"的社区公共精神，全力打造共建共治共享的社会治理共同体，为公民精神的塑造培养良好的社会土壤。其中，我们既要弘扬当代优秀文化，又要汲取传统的养分，扎根于社会，扎根于传统的公共精神，以此不断增强社区社会公众的认同感和

---

① 蔡雄杰：《社会治理中公民公共精神的培育》，《福州党校学报》2015 年第 5 期。

责任感，促进社会公众参与社区治理，为慈善组织发展创建良好的社会氛围，从而使慈善行为逐渐成为公众的一种行为自觉和生活方式，成为激发公民责任感的一种途径。

3. 推进社会公众参与

公共精神孕育于社会公众参与社会治理的实践中。公众可以通过慈善组织参与社会治理，来达到公共精神培养的目的。也就是说，社会公众对公共精神提升的需要为慈善组织提供了可能的治理空间。慈善组织可以通过加强居民的团结与整合，培育居民的社区和公共精神。[①] 因此，慈善组织要将公共精神的培育时刻贯穿于服务的全过程，通过培育公共精神来推动城乡社区治理。一是要积极引导公众参与社区事务，通过共建共治促进社会公众间的交流互动，增强社会公众间的互信合作，培养社会公众关注并参与社区公共事务的优良品质。二是努力拓展公众参与公共生活的渠道。[②] 三是提升社会公众参与社区公共事务的能力，培育社会公众的协商、反馈等技能，打造社会公众参与社会事务的平台，不断提升社会公众的公民素质，推进社会公众公共精神的培育。

（四）优化舆论环境

目前，在国家推进社会治理的大背景下，慈善组织得到快速发展，其在城乡社区治理中的作用得到不断发挥，然而面临的社会舆论环境却日益复杂。第一，慈善组织作为政府和市场外的社会性福利系统的

---

① ［美］帕特南：《使民主运转起来》，王列、赖海荣译，江西人民出版社2001年版，第133、195页。

② 戚万学：《论公共精神的培育》，《教育研究》2017年第11期。

作用日趋明显的同时，其社会关注度也在不断提升，公众对慈善组织监督的热情和参与慈善组织的欲望不断增强。第二，我国慈善组织的发展与社会体制转型和政府职能转移紧密相关，与政府的积极推动紧密相关，其发展呈现出外力推动式的特点，慈善组织的内生发展力还较弱，其内部管理机制还不完善，对社会舆论缺乏有效的回应能力，经常无所适从。第三，随着工业化、信息化的发展，社会舆论形成的途径和载体日趋丰富，传统媒体与新媒体在不断融合和创新，自媒体井喷式发展并成了社会舆论形成的重要阵地，这既给慈善组织提供了机会，也带了巨大的挑战。第四，与工业化和信息化快速发展相对应的是，我国社会公众的信息素养和公共精神还有待培养与提升，有关现代公益和舆情方面的主体意识还有待健全。面对日益复杂的社会舆论环境，慈善组织在参与城乡社区治理中，应充分重视和尊重社会舆论，积极主动而为回应社会期待，最大限度争取舆论的理解和支持，不断构建良好的社会舆论环境，为其发展提供舆论动力和舆论支持。要优化舆论环境，就必须健全慈善组织信息披露机制，提升慈善组织的公信力；倡导慈善组织营销理念，提升慈善组织的影响力；增强慈善组织的信息管理能力，提升慈善组织的沟通力；建立多元主体联动机制，提升慈善组织的协同力。

1. 健全慈善组织信息披露机制，提升慈善组织的公信力

信息是社会舆论形成的基础，及时、准确、系统的信息供给是公众对慈善组织进行有效监督的基础，信息公开是尊重社会公众的知情权的重要表现，它能够为慈善组织发展以及参与城市社会治理赢得更大的舆论支持。目前，慈善组织的信息供给与社会公众的期待还有较大距离，社会公众的知情权没有得到足够的重视，存在信息披露内容

不完整、披露手段单一、主动性不足等问题。因此，在当前的舆论环境下，政府部门应加快慈善组织信息披露制度的建设进程，使信息披露机制制度化，以法律的形式约束慈善组织的信息公开，以便为社会监督提供信息基础。慈善组织应主动承担起信息披露的责任，不断完善内部信息披露机制，组建专门的信息披露部门，主动而为加快信息公开，掌握社会舆论传播的主导权，为公信力的形成奠定基础。

2. 倡导慈善组织营销理念，提升慈善组织的影响力

慈善组织发展需要良好的舆论环境，良好的舆论环境的形成既和优质的社会服务相关，也和慈善组织的品牌营销相关。如何开展理念营销、品牌营销，是慈善组织需要回答的重要问题。然而，一些慈善组织对组织营销嗤之以鼻，认为"在媒体上做报道就是张扬，应该低调为好，或认为只要宣传产生费用支出就一概免谈，理由是经费紧张，或认为工作未见大的成效，没必要宣传，有的甚至对媒体采访心生排斥，运用各种借口悔不推诿……"① "酒香不怕巷子深" "做好事不留名" 等传统观念仍旧在慈善组织领域普遍存在，这些都说明慈善组织行业还没有对组织营销有明确的认识和足够的重视。因此，要提升慈善组织在社会舆论形成中的影响力，就必须强化慈善组织的营销的理念。一是要转变思想，将理念营销和品牌营销纳入组织的常规工作中，持续对社会舆论产生影响；二是要主动而为，与社会媒体接触并建立良好关系，为组织营销顺利开展提供媒介条件；三是要树立全员营销理念，积极引导和鼓励组织员工，通过自媒体对组织的理念和品牌进行营销；四是要善用营销平台，如交流会、展示会甚至学术会议等方

---

① 戴军：《慈善组织的品牌建设和媒体营销》，《社会与公益》2012 年第 7 期。

式对慈善组织进行宣传和营销。

3. 增强慈善组织的信息管理能力，提升慈善组织的沟通力

慈善组织信息管理能力包括信息的收集整理能力，信息的分析研判能力以及信息的输送传播能力，它决定了能否把相关信息收集上来，能否把有效信息提炼出来，能否把完整信息传递出去。目前慈善组织信息管理能力是不足的，很多慈善组织还抱有"做好事不留名"的传统慈善观念，甚至忽视组织运营信息，更谈不上主动的研判、宣传与推广，加之慈善组织资源有限，很难将部分资源用在信息管理上。同时，由于对信息管理的忽视，导致慈善组织应变危机尤其是舆情危机能力不足，无法影响舆情的走势。因此，慈善组织要重视信息管理和危机应变能力建设。一是要将信息管理纳入组织管理的战略高度，组建信息管理部门或队伍，加强对组织信息的收集、研判和宣传。二是要准确把握组织利益相关者的信息期待，及时、准确、系统地收集和整理信息满足社会公众的信息需求，为好的舆论环境的形成奠定信息基础。三是要善于运用新媒体、自媒体，不断进行宣传方式和渠道的改革与创新，让信息能够及时传送出去。四是要创新信息组合形式，要突破当前简报和新闻报道的主要形式，要形成对关键事件和品牌服务的跟踪式、聚焦性、连续性的系列报道，"把握好时、度、效，增强吸引力和感染力，让群众爱听爱看、产生共鸣"[1]，从而起到影响舆论的作用。

4. 建立多元主体联动机制，提升慈善组织的协同力

慈善组织发展的舆情管理不仅仅是靠慈善组织本身的努力就能完

---

[1] 习近平：《胸怀大局把握大势着眼大事，努力把宣传思想工作做得更好》，《人民日报》2013年8月21日第1版。

成的，它需要社会舆论相关主体者的协作才能实现。这些主体包括慈善组织的管理部门、慈善组织的行业协会、枢纽性慈善组织、基层政府、社区、新闻媒体以及社会公众等。其中，慈善组织的管理部门要充分认识慈善组织舆论建设的重要性，充分重视社会舆论对慈善组织的监督作用，积极引导和监督慈善组织的信息披露工作，积极创建有利于社会监督的工作机制。慈善组织的行业协会要积极搭建慈善组织的信息公开平台，为慈善组织的信息披露提供条件，要积极为慈善组织发声，引导社会舆论，为慈善组织发展创建良好的舆论环境；同时要积极履行行业监督职责，引导慈善组织展开信息披露工作。枢纽性慈善组织在关注慈善组织业务运作能力的同时，要提供慈善组织信息管理和营销工作方面的支持，着力于慈善组织营销能力的提升和营销资源的供给，协助慈善组织开展好社会舆论的建设工作。基层政府和社区要积极而为，加大对慈善组织的宣传力度，让更多社会公众认识到慈善组织在参与城乡社区治理中的作用和贡献，引导社会舆论对慈善组织形成客观、正确和有力的评判。新闻媒体既要善于揭露报道非法慈善组织和慈善组织的不法行为[1]，也要积极挖掘慈善组织的典型事例、优秀做法和优质服务，并进行大力宣传，为慈善组织良好形象的树立奠定基础。当然，最为重要的是，慈善组织要大力推进信息公开，为联动机制创造条件。总之，要形成横纵交叉的联动机制，协力引导社会舆论，为慈善组织发展构建良好的社会环境。

（五）厚植慈善文化

慈善文化是慈善事业发展的根基，只有根基牢固，慈善事业才能

---

① 沈新华：《为慈善组织发展创造良好舆论环境》，《中国慈善组织》2016 年第 16 期。

繁荣发展，永葆青春。为了营造"人人乐于慈善、行行参与慈善"的氛围和环境，我们可以从加强慈善文化教育、加强慈善理论研究和加强慈善文化宣传等方面厚植慈善文化。

1. 加强慈善文化教育，培育公民慈善意识

教育是培育公民慈善意识的重要途径，各级各类学校要增强慈善文化教育意识，将慈善文化教育渗透到教学活动中去。《慈善法》第九十七条明确要求"学校等教育机构应当将慈善文化纳入教育教学内容"①。慈善文化教育要从小抓起，贯穿幼儿、小学、初中、大学各个学段。可以深入挖掘政治、历史、语文等科目所蕴含的慈善文化教育素材，在各种仪式、爱心义卖、志愿服务、温馨班级建设等活动中融入慈善文化教育，利用新媒体技术，借助一些社团、协会、基金会、慈善信托等社会组织开展慈善教育活动。企业也是弘扬践行慈善文化的重要阵地，企业家可以将企业发展与慈善事业结合起来，将慈善文化融入企业文化中去，组织开展丰富多彩的慈善文化活动。弘扬践行慈善文化还不能忽视农村和社区这两个主战场。在新时代创新基层社区治理新格局的实践中，村委会和居委会要发挥主导作用，建立大学生、企业家、文艺团体等社会各界慈善力量常态化联动参与机制。

2. 加强慈善理论研究，完善中国特色慈善理论体系

中国特色社会主义的新时代是慈善组织发展的新时代。在引领新时代中国特色社会主义实践过程中，习近平总书记对我国新时代慈善事业的战略地位、战略理念和战略举措等方面进行了诸多前瞻性的理论探索，为新时代中国特色社会主义慈善事业理论的构建提供了重要

① 《中华人民共和国慈善法》，中国法制出版社2023年版，第18—19页。

遵循。"没有成熟的理论，就不可能成就伟大的事业。""一个能够健康持续发展的慈善事业必须要有成熟的理论作为支撑，而有组织的专业研究是推动慈善理论研究不断走向深入的前提条件"。① 中国特色慈善事业自《慈善法》颁布实施以来，虽然取得了较大发展，但仍处于起步阶段，除了相关法律制度不完善、政策支持不到位的原因之外，还有一个重要的原因就是理论研究的滞后。为此，中国慈善事业需要培育、壮大一支理论研究队伍，这支队伍应当以探求慈善事业发展真谛、促进慈善事业发展为己任。

3. 加强慈善文化宣传，营造崇德向善文化氛围

习近平还从弘扬慈善精神和宣传慈善典型两个方面论述了如何厚植慈善文化的问题。慈善是道德的积累，弘扬慈善精神，就要传承和发扬好中华民族乐善好施、扶贫济困的传统美德，培育和践行好社会主义核心价值观。2014 年 2 月 24 日，习近平在主持十八届中央政治局第十三次集体学习时的讲话中指出，要 "继承和发扬中华优秀传统文化和传统美德，广泛开展社会主义核心价值观宣传教育，积极引导人们讲道德、尊道德、守道德，追求高尚的道德理想"②。大力宣扬慈善典型，给人们树立鲜活的榜样，是传播慈善文化、强化慈善意识、激励慈善行为的有效方法。2006 年 7 月 20 日，习近平在《要善于抓典型》一文中强调了抓典型的重要性，他说："榜样的力量是无穷的。善于抓典型，让典型引路和发挥示范作用，历来是我们党重要的工作方法。实践证明，抓什么样的典型，就能体现什么样的导向，就会收到

---

① 郑功成：《我国慈善事业发展需要有成熟的理论支撑》，《中国社会报》2021 年 2 月 1 日第 4 版。

② 习近平：《习近平谈治国理政》，外文出版社 2014 年版，第 163 页。

什么样的效果。"① 2013 年 9 月 26 日，他在会见第四届全国道德模范及提名奖获得者时再一次强调："伟大时代呼唤伟大精神，崇高事业需要榜样引领。"② 他号召大家要以道德模范为榜样，学习他们的宝贵品格，做到崇德向善、见贤思齐、积善成德，为实现中国梦积聚强大的道德力量和精神支撑。

---

① 习近平：《之江新语》，浙江人民出版社 2007 年版，第 212 页。
② 习近平：《习近平谈治国理政》，外文出版社 2014 年版，第 159 页。

第七章　结论与建议

第一节　研究结论

为探究慈善组织面临的制度环境对慈善组织发展的影响，本书以社会认同度、资源获取能力、参与公共服务的积极性为测量指标，分析了我国慈善组织的发展状况，并在分析正式制度各维度的基础上，探讨了登记注册制度、监督管理制度、财税支持制度和人才培育制度对慈善组织发展的影响，在分析非正式制度环境各维度的基础上，从"决策参与""人文环境""交流合作"和"接受程度"四个维度，探讨了非正式制度对慈善组织发展的影响。通过理论和实证分析，得出以下结论。

一　慈善组织发展状况

要揭示制度环境对慈善组织发展的影响，首先必须了解慈善组织的发展状况。从对上海市、湖南省和云南省的实证研究结果分析来看，当前我国慈善组织发展还存在短板，活力有待进一步提升。本书以社会认同度、资源获取能力、参与公共服务的积极性为测量指标，运用公共信服力、诚信度、服务能力、合法性、使命感和组织员工的职业道德六个具体指标来测量慈善组织的社会认同度，运用"年度总收入""年度承接项目的数量""年度项目收入"三个具体指标来测量慈善组织的资源获取能力，运用"服务程度""服务频率"和"服务规模"三个具体指标来测量慈善组织参与公共服务的积极性，分析了我国慈善组织的发展状况，并在此基础上对上海市、湖南省、云南省三地慈善组织的社会认同度、资源获取能力、参与公共服务的积极性进行了比较分析。具体结论有以下几点。

第一，我国慈善组织的社会认同度较高。目前我国慈善组织的合法性地位、诚信度、公信力、服务能力、使命感、工作人员的职业道德均值得分换算成百分制后均在 85 分以上，其中合法性地位、慈善组织工作人员的职业道德和慈善组织的诚信度，得分均在 90 分以上，慈善组织的公信力和服务能力，得分分别为 85.4 分和 85.8 分。因此，我国慈善组织的社会认同度较高。

第二，慈善组织之间的资源获取能力较低。尽管从均值来看慈善组织资源获取能力的三个维度（"年总收入""年承接项目的数量"和"年项目收入"）均不错，但是，这三个指标的极差和方差都很大。慈善组织 2016 年度总收入的均值为 252.91 万元、承接各类项目数量的均值为 7.37 个、项目收入的均值为 121.15 万元。从均值来看，三个维度的测量结果较为理想。然而，从极差和方差来看，被调查的慈善组织之间的资源获取能力存在较大差距。在年度总收入方面，极差为 4000 万元（最高的为 4000 万元，最低的为 0 元），方差为 294933.683；在承接项目方面，极差为 50 个（最高的为 50 个，最低的为 0 个），方差为 115.316；在年度项目收入方面，极差为 1744.86 万元（最高的为 1744.86 万元，最低的为 0 元），方差为 91487.316。通过进一步统计分析，我们发现，年度总收入在均值以下的慈善组织占样本总量的 79.4%，年度总收入 50 万元以内的占样本总量的 47.3%；承接项目数在均值以下的慈善组织占样本总量的 73.3%，2016 年度全年没承接任何项目的慈善组织达 170 个之多，占样本总量的 14.4%；年度项目收入在均值以下的慈善组织占样本总量的 82.4%，项目收入在 30 万元以内的占 53.3%。可见，尽管就均值而言，慈善组织获取资源能力尚可，但是多数慈善组织都被"平均"了。这是由于，"年度总收入"和"年度项目收入"在均值之下的慈善组织均占到样本的八成左右，而"承接项目数"在均值以下的慈善组织也达七成多。"您的组织平均每年能从政府购买公共服务项目中获得多少服务经费？"统计分析的结果表明，慈善组织从政府购买公共服务项目中获得的服务经费均值为 103.61 万元，极差为 2100 万元（最多为 2100 万元，最少为 0 元；10 万以内的超过半数，占 50.3%）。这就表明，在资源获取能力方面，不同的慈善组织之间存在较大差异。虽然极少数慈善组织的获取资源能力较强，但是，绝大多数慈善组织的资源获取能力偏低，甚至有些慈善组织 2016 年度获得的项目数和项目收入均为 0。这就表明，不同慈善组织之间在资源获取能力方面具有较大差异。虽然极少数慈善组织的获取资源能力较强，但是，绝大多数慈善组织的资源获取能力偏低。

第三，慈善组织参与公共服务的积极性较低。调查结果表明，慈善组织在各类公共服务活动中作为活动组织者的不足六成，为 56.9%；

作为参与者的为四成多，占 42.4%。慈善组织 2016 年度参与公共服务次数的均值为 56.33 次、参与公共服务人次的均值为 19887.90 人次。然而这二项的极差和方差（分别为 5550.435 和 54825.525）都很大，这就意味着，既有未提供任何公共服务的慈善组织，也有提供大量公共服务的慈善组织。其中，提供公共服务最多的慈善组织，在频率方面达 350 次、在规模方面达 29 万人次。通过进一步统计分析，我们发现，参与公共服务次数在均值以下的慈善组织占样本总量的 62.8%，其中提供公共服务的频率不超过 20 次的占样本总量的 44.5%，没有提供任何公共服务的慈善组织有 79 个，占样本总量的 6.7%；参与公共服务人次在均值以下的占样本总量的 83.2%，其中服务人次在 1000 以内的占样本总量的 28.8%。可见，慈善组织参与公共服务的"服务频率"和"服务规模"与慈善组织资源获取能力呈现出同样的特点，即组织之间的差距非常大。

慈善组织在参与的各类公共服务活动中，作为活动组织者的占样本量的 56.9%；作为活动合作参与者的占样本量的 42.4%。提供公共服务，是慈善组织的核心功能。只有充分提供社会服务，才能彰显慈善组织的存在价值。然而，我国慈善组织参与公共服务的积极性仍然偏低。究其原因，在于政府与慈善组织的关系尚未真正理顺。目前我国仍然处于"大政府、小社会"的社会治理状态，分权性弱，慈善组织活动空间有限，致使慈善组织发展空间受限。① 如何切实提升慈善组织参与公共服务的积极性，应该成为制度建设的关注方向。

---

① 张奇林、李君辉：《中国慈善组织的发展环境及其与政府的关系：回顾与展望》，《社会保障研究》2011 年第 6 期。

　　第四，慈善组织发展具有显著的区域差异性。总体来看，上海市慈善组织的社会认同度明显高于云南和湖南两省，而湖南和云南两省之间的差别并不大（上海慈善组织社会认同度六项指标得分的均值为27.93，湖南和云南分别为26.42和26.91；把六项指标得分转换为百分制后，上海市有五项得分超过90分，仅服务能力一项为89.2分，而云南省得分上90分的只有三项，湖南省为两项）。具体而言，在使命感、公信力和服务能力三个方面，上海市的慈善组织明显高于云南和湖南两省的慈善组织；在诚信度和工作人员的职业道德两方面，上海市、湖南省和云南省的慈善组织差别不大；在合法性地位方面，上海市和云南省的慈善组织明显高于湖南省的慈善组织。

　　整体而言，上海市慈善组织的资源获取能力要优于湖南、云南两省的慈善组织（慈善组织资源获取能力三个具体指标的均值，上海市的均明显高于湖南、云南两省的），而湖南、云南两省之间的差别较小（慈善组织资源获取能力三个具体指标中湖南有两项高于云南，一项低于云南）。通过进一步统计分析发现，上海市、湖南省和云南省三地其区域内慈善组织资源获取能力呈同样的特征，慈善组织之间资源获取能力具有较大的差异性。在年度总收入方面，湖南省、上海市的极差均为4000万元（最高的为4000万元，最低的为0元），云南省的为3000万元（最高的为3000万元，最低的为0元）；50万元以内的湖南省占53.6%，云南省占46.5%，上海市占35.2%；100万元以上的湖南省占27.0%，云南省占37.0%，上海市占42.9%。在项目收入方面，上海市、湖南省和云南省的极差均为1700万元（最高的为1700万元，最低的为0元），50万元以内的湖南省占68.8%（其中无项目收入的14.7%），云南省占57.0%（其中无项目收入的15.9%），上海市占 64.3%（其中无项目收入的 26.9%）；100 万元以上的湖南省占 16.0%，云南省占 17.7%，上海市占 24.5%。在承接项目方面，上海市、湖南省和云南省的极差均为 50 个（最高的为 50 个，最低的为 0 个），10 个以内的湖南省占 76.8%（其中无项目的 17.0%），云南省占 74.8%（其中无项目的 15.3%），上海市占 82.4%（其中无项目的 26.9%）；20 个以上的湖南省占 8.0%，云南省占 4.9%，上海市占 11.0%。总之，从慈善组织资源获取能力来看，整体而言，上海市的慈善组织要优于湖南省、云南省两地的；同时，各地区域内慈善组织之间的资源获取能力存在较大的差异。

就慈善组织提供公共服务的频率（次数）和提供公共服务的规模（人次）的均值而言，上海市最高，湖南省次之，云南省最少。当然，从方差来看，上海市、湖南省和云南省三地的慈善组织在提供公共服务的频率和规模上又具有同样的特征，即同一地区的不同慈善组织提供公共服务的频率和规模具有较大的差异性。进一步统计分析发现，2016 年度，在提供公共服务最多的公益慈善组织中，上海、湖南两地的频率均达 300 次，云南达 263 次，上海地区的规模为 29 万人次，湖南地区的规模为 28 万人次，云南地区的规模为 26 万人次；但是，三地均有未提供任何公共服务的公益慈善组织。具体而言，提供公共服务的频率不超过 20 次的慈善组织，上海市约四成（39.4%）、湖南省约六成（59.8%）、云南省约五成（49.5%）；提供公共服务的频率在 50 次以上的慈善组织，上海市约四成（41.7%）、湖南省不足三成（27.2%）、云南省约三成（30.2%）；提供公共服务规模不超过 5000 人次的慈善组织，上海市约六成（59.4%）、湖南省约七成（70.1%）、云南省六成多（62.1%）；提供公共服务的规模超过 1 万人次的慈善组织，上海市将近三成（25.2%）、湖南省近二成（19.6%）、云南省超过二成（22.5%）。

可见，整体而言，在慈善组织提供公共服务的频率和规模方面，上海市最好，湖南省次之；同时，各地区域内的慈善组织之间提供公共服务的频率和规模的差别都很大。

上海市、湖南省和云南省慈善组织在参与公共服务中的角色扮演差别不大，上海市和湖南省两地慈善组织作为活动组织者的均接近六成，分别为58.3%和57.7%，云南省稍次之，为52.5%。

可见，上海市慈善组织的社会认同度、资源获取能力和参与公共服务的积极性均好于湖南和云南两省。社会认同度主要体现在使命感、公信力和服务能力三个方面，资源获取能力体现在年度总收入、承接项目的数量和项目收入三个方面，参与公共服务的积极性主要体现在提供公共服务的频率和规模两个方面。湖南和云南两省慈善组织发展状况的差别主要体现在提供公共服务的频率和规模两个方面。这就表明，慈善组织发展具有显著的区域差异性。这种区域差异性主要来源于经济发展程度的差异。

二　正式制度对慈善组织发展的影响

正式制度对慈善组织的社会认同度、资源获取能力和参与公共服务的积极性有显著的影响。具体体现在以下几方面。第一，从总体上看，慈善组织及其工作人员对有关慈善组织的正式制度的评价一般。评价由高到低依次为财税支持制度、登记注册制度、监督管理制度和人才培育制度。相对而言，评价较高的是财税支持制度，满意度最低的是人才培育制度。第二，登记注册制度、监督管理制度、财税支持制度和人才培育制度对慈善组织社会认同度各维度分别产生不同程度的影响。具体表现为登记注册制度对慈善组织合法性地位、诚信度有显著影响；监督管理制度对慈善组织合法性地位、使命感、诚信度、公信力以及慈善组织工作人员的职业道德具有显著影响；财税支持制度对慈善组织的使命感、诚信度和服务能力有显著影响；人才培育制度对慈善组织的公信力、使命感、服务能力和慈善组织工作人员的职业道德有显著影响。第三，人才培育制度对慈善组织资源获取能力中的承接各类项目数量和项目收入产生显著影响。人才培育制度对慈善组织参与公共服务的"频率"和"程度"有显著影响，财税支持制度对慈善组织参与公共服务的"频率"和"规模"有显著影响，而监督管理制度对慈善组织参与公共服务的"程度"有显著影响。

三　非正式制度对慈善组织发展的影响

社会学的研究表明，尽管现代社会人类越来越自觉地约束自己的社会行动，试图建立更多的正式制度以稳定社会秩序，且正式制度对社会生活的制约作用也越来越大，但这都无法阻止非正式制度产生广泛作用。在实际中，最稳定、最普遍发生作用的社会制度，仍然是由风俗习惯和文化传统等构成的非正式制度。这是因为，非正式制度经过各地区各民族的文化传承世代相继地沿袭下来，它们已经深深地嵌入人们的日常生活方式之中，同人们的身体行为和思维方式深度融合，是内化于社会行动或社会结构且不可分割的组成部分。前文实证研究的结果也表明，非正式制度变量对慈善组织发展的各个维度都分别产生了显著的影响。

　　非正式制度对慈善组织的社会认同度、资源获取能力和参与公共
服务的积极性也有显著的影响。具体体现在以下几点。第一，从总体
上看，慈善组织及其工作人员对有关慈善组织的非正式制度的评价较
高。非正式制度四个方面的得分换算成百分制均超过80分，其高低依
次为"接受程度""决策参与"与"交流合作""人文环境"，得分相
对较低的是"人文环境"为82.4分。第二，"接受程度""决策参与"
"交流合作"和"人文环境"对慈善组织社会认同度各维度分别产生
影响。具体情况为"接受程度"对慈善组织社会认同度六个维度均有
显著影响；"决策参与"对慈善组织的使命感、公信力、服务能力和工
作人员的职业道德有显著影响；"人文环境"对慈善组织的使命感、公
信力、诚信度和工作人员的职业道德有显著影响；"交流合作"对慈善
组织的合法性地位、使命感、公信力、诚信度和工作人员的职业道德
有显著影响。第三，"决策参与""交流合作""人文环境"和"接受
程度"对慈善组织资源获取能力各维度分别产生影响。具体情况为
"决策参与""人文环境"对慈善组织的"年度总收入"和"承接项目
数"两个指标均有显著影响；"交流合作"对慈善组织资源获取能力的
三个指标均有显著影响；"接受程度"对慈善组织的"项目收入"有
显著影响。第四，"决策参与""交流合作"和"接受程度"对慈善组
织参与公共服务积极性的各维度分别产生影响。具体情况为"决策参
与"对慈善组织参与公共服务的"规模"和"程度"两个指标有显著
影响；"交流合作"对慈善组织公共服务积极性的三项指标均有显著影
响；"接受程度"对慈善组织参与公共服务的"频率"和"规模"两
个指标有显著影响。

第二节　研究建议

中国特色社会主义新时代也是社会治理的新时代，而慈善组织是推动新时代社会治理的重要力量。上述实证研究的结果表明，要充分发挥慈善组织在新时代社会治理中的重要作用，就必须促进慈善组织的大力发展，使之充满活力。而要促进慈善组织的大力发展，就必须从根本上加强制度建设，为慈善组织发展创造良好的制度环境。这种制度环境既包括正式制度环境，又包括非正式制度环境。因此，只有加强正式制度环境与非正式制度环境建设，才能从根本上促进慈善组织的大力发展。而要激发慈善组织的活力，除了进一步加强制度建设之外，还要探索制度对慈善组织发展影响的内在机理，优化慈善组织发展的社会机制。

一　慈善组织发展制度环境优化的基本原则

（一）坚持公正平等与促进竞争相结合

由于历史等方面的原因，我国对于慈善组织曾一度采取选择性激励的制度安排，即政府对于不同的慈善组织给予不同的政治地位和经济激励，这种选择性激励的制度安排导致慈善资源向少数慈善组织集中，而更多其他的慈善组织因资源有限往往无力向社会提供更多的服务，慈善的多元性和竞争性受到抑制。[1] 从长远的角度来看，这样的制

---

[1] 张奇林、李君辉：《中国慈善组织的发展环境及其与政府的关系：回顾与展望》，《社会保障研究》2011 年第 6 期。

度安排既不利于慈善组织的繁荣发展，也无法满足经济社会发展对慈善组织的需要。因此，在优化当前我国慈善组织发展的制度环境时，必须要坚持公正平等、促进竞争的原则。

2012 年，党的十八大报告提出"必须坚持维护社会公平正义"。2022 年，党的二十大报告再一次指出，"我们坚持把实现人民对美好生活的向往作为现代化建设的出发点和落脚点，着力维护和促进社会公平正义，着力促进全体人民共同富裕，坚决防止两极分化"。《国务院推进依法行政实施纲要》也规定："行政机关实施行政管理，应当遵循公平、公正的原则。要平等对待行政管理相对人，不偏私、不歧视。"可见，公平正义是中国特色社会主义的内在要求，维护社会公平正义是中国特色社会主义的重要任务。慈善组织作为慈善事业主体，应该得到行政机关的平等对待。可以说，行政机关为慈善组织提供平等参与、平等竞争、平等发展、平等享有的机会，是当前，乃至今后一段时间我们进一步促进慈善组织发展的根本所在。可见，优化慈善组织发展制度环境必须坚持有利于平等的原则，这里的有利于平等一方面指的是要有利于促进各类慈善公益组织之间相互独立的平等地位，另一方面指的是要有利于促进所有的慈善公益组织与行政机关之间关系的平等。这就意味着，对于慈善组织而言，既能平等地享有权利、平等地受到保护，又要平等地履行义务、平等地承担责任；而行政机关要对所有的慈善组织一视同仁，保障它们平等发展权利，不能因为规模大小、官办还是民间等因素差别对待。

促进竞争指的是促进慈善组织之间的竞争。德国学者路德维希·艾哈德曾在《来自竞争的繁荣》一书中提出："竞争是获致繁荣和保证繁荣最有效的手段，只有竞争才能使作为消费者的人民从经济发展中受到实惠,它保证随着生产力的提高而与之俱来的种种利益,终于归人们享受。"① 尽管路德维希·艾哈德主要是从参与市场竞争的市场主体的角度来说,慈善组织不能完全等同于公司、企业等纯粹的市场竞争主体,然而慈善组织之间存在着竞争却是我们不能否认的事实。但是,目前我们关于促进慈善组织竞争的相关法律规范还不完善。如我国《社会团体登记管理条例》第 13 条规定:"在同一行政区域内已有业务范围相同或者相似的社会团体,没有必要成立的,登记管理机关不予批准筹备。"依照竞争的原则应该鼓励一个地方多个慈善组织同时存在,显然《社会团体登记管理条例》的这一规定是不利于促进竞争的,其必然导致行业垄断而使慈善组织效率低下、服务质量不高。

亚当·斯密也曾肯定竞争的作用,他认为,一种事业若对社会有益,就应当任其自由,广其竞争。竞争愈自由,愈普遍,那事业亦愈有利于社会。② 尽管竞争并不是万能的,但竞争在调节慈善服务的供需关系、促进慈善组织提供更多更优的服务等方面的积极作用也是显而易见的。可见,促进慈善事业的繁荣发展,需要发挥竞争机制的作用。因此,我们在创新促进慈善组织发展的制度设计时,要体现促进竞争的原则,让各类慈善组织能有序竞争、充分竞争,同时也要防止慈善组织垄断和无序竞争。

(二)坚持权责明确与促进政社分开相结合

在政府主导型的协作关系模式下,政府机构和慈善组织往往定位

---

① [德]路德维希·艾哈德:《来自竞争的繁荣》,祝世康、穆家骥译,商务印书馆 1983 年版,第 11 页。

② [英]亚当·斯密:《国民财富的性质和原因的研究》,郭大力、王亚男译,商务印书馆 1972 年版,第 315 页。

模糊、职能边界不清，导致政府不该管的管了（越位）、该管的可能没有去管（缺位）。这容易产生以下三种不利后果。一是慈善组织由于产权不明同时又受政府控制，就容易导致权力滥用并滋生腐败；二是募捐机制的规范性、公开性和透明性不够，社会监督不到位，导致慈善领域时不时发生欺诈案例；三是利用行政权力进行的摊派性募捐容易挫伤个人慈善捐赠的积极性。为此，党的十八届三中全会提出，要"正确处理政府和社会关系，加快实施政社分开，推进社会组织明确权责、依法自治、发挥作用"。因此，优化我国慈善组织发展的制度环境时，一定要坚持权责明确、促进政社分开的原则。

权责明确的实质是转型，通过转型构建新型政社关系。权责明确强调的是要科学划分国家、市场、社会组织之间的边界，明确党委政府、市场、社会组织等各参与主体的权利和责任，探索政社合作的新途径。随着社会的不断发展，我国社会结构呈现出新的特点，在政府之外，市场经济体制和社会组织体系在逐渐成长壮大。这二者的日益发展壮大，倒逼和促使政府进行改革，以适应市场经济和社会组织发展的需要。政府职能转变和调整的过程，是国家和社会的关系发生深刻变化和转型的过程，也为社会组织发展提供了难得的机遇。对于政府而言，从管理到治理，从包办替代到服务型政府的构建，其运作的理念、本身的职责、权力运行的边界、所肩负的责任和义务等都需要重新定义、规范和明确。就慈善组织而言，要在"完善党委领导、政府负责、社会协同、公众参与、法治保障的社会治理体制"中，不断提高自身的能力和水平。为此，就要明确权责，实现政府职能部门的工作以服务为轴心，构建新型政社关系。权责明确的核心就是要建立和完善权力清单制度，既要列出政府的权力清单，减少行政权力的干预，限制行政权力的滥用。同时也要对慈善组织享有的权利、肩负的责任进行明确，确保各自运行的权责一致和权责对等，在有权必有责、用权受监督的基础上承担各自的责任和义务。要把社会组织管理体制改革各主体和参与方的权力、权利和责任用法律的形式固定下来，依法进行，确保改革的正确原则。①

政社分开的实质就是要正确处理政府与社会的关系。② 这里面既包括政府管理体制改革，又包括社会管理体制改革。过去政府既是运动员又是裁判，行使无限权力，其结果是政府职责错配、错位、越位现象屡屡发生，不该管的要管、该管的也没管好。其根本原因就是政府的权力边界没厘清，权责模糊。政社分开需要重新思考和定位政府的权限和职能，建立权力清单制度，把应由社会行使的权力归还给社会，支持社会组织依法独立自主行使权力，构建政府和社会组织共建共治共享的社会治理新格局。实行政社分开的前提是要扩展社会组织发展的空间，要通过社会组织的规模化、专业化以及治理结构的现代化三个方面提升社会组织的综合能力。③ 提升社会组织能力是社会组织管理体制改革的核心，只有这样，才能明确政府和社会的职责，明确分工，形成良好的合作、协作关系，促进社会组织事业的繁荣发展。当然，政社分开并不是要弱化政府的社会管理职能，更不是让政府完全退出社会放任社会组织自由发展，而是要通过政社分开推进政府管理体制

①　陈玉娟：《建国以来我国社会组织管理体制研究》，博士学位论文，中共中央党校，2018 年。

②　马德坤：《习近平关于社会治理的理论创新与实践探索》，《中国高校社会科学》2017 年第 3 期。

③　张开云：《社会组织发挥作用需要转观念、创空间、增能力》，《大社会》2017 年第 11 期。

改革，不断强化政府的公共管理和公共服务职能。同时，政社分开的目的不是要切断政府与社会组织的关系以及社会组织发展所需的政府资源，而是要使政府提高管理成效、使社会组织日益承担更多的社会责任，更好地为社会发展和民众利益服务。

（三）坚持系统性与循序渐进相结合

系统性原则也称为整体性原则。按照结构功能主义的观点，系统是由若干个相互联系、相互作用的因素构成的具有特定结构和功能的有机整体，要使系统保持有序运行，系统的各个组成部分必须彼此协调、相互协作。系统性原则要求把决策对象视为一个整体，制度的制定和决策的实施要以系统整体目标的优化为准绳，从全局出发，从整体来把握部分，协调系统中各分系统的相互关系，使系统完整、平衡。① 循序渐进，就是遵循客观规律，按一定的顺序、步骤有条不紊地逐渐推进。循序渐进原则要求任何改革都要因地制宜、有序推进、层层深入。

优化慈善组织发展的制度环境是一个系统工程，不可能一蹴而就。慈善组织发展不仅需要正式制度层面的创新，同时慈善事业以利他主义和奉献精神为基础，更多与文化联系在一起，因此，慈善组织发展还需要价值观、理念等文化层面（非正式制度）的创新。正式制度又包括准入制度、监管制度、财税制度和人才制度等多种制度。朱苏力认为："一个总体有效的制度不仅包括成文宪法和法律明确规定的，可能更重要的是包括了社会中不断形成、发展、变化的惯例、习惯、道

---

① 赵海林：《行政化到多元化：慈善组织运作研究》，博士学位论文，南京大学，2012年。

德和风俗这样一些非正式制度。"① 社会学的研究发现，尽管正式制度和非正式制度相比更具强制力，但是非正式制度往往根深蒂固、深入人心，对社会经济生活影响更为深远，甚至正式制度往往要通过非正式制度来发挥作用。诚如美国学者诺思指出，正式规则改变了，但非正式规则却没有，由于非正式约束根深蒂固的文化继承因素，非正式约束仍然保持强劲的生存韧性。② 非正式制度变化往往滞后于正式制度的变迁，因为非正式制度对人的影响是潜在的，而且是持久的。由于非正式制度的影响长期存在，导致正式制度变迁了，却不能发挥作用。因此，在优化慈善组织发展的制度环境时要有整体观，着眼全局，从整体设计目标，以整体目标为中心和准绳，避免单兵突进和片面化，既要推进正式制度环境的创新，也要推动非正式制度环境的优化；同时也要坚持联系的观点，制度之间必须协调一致，防止顾此失彼或彼此孤立，进而出现制度失范，甚至产生制度冲突。同时还需要坚持循序渐进的原则，要有选择、有重点，先易后难。

二　加强慈善组织制度环境建设的建议

（一）积极加强正式制度环境建设

正式制度环境建设在促进慈善组织发展中处于举足轻重的地位。可以说，没有良好的正式制度环境，慈善组织发展必然会"寸步难行"。因此，加强正式制度环境建设，是促进慈善组织大力发展的关键之举。要加强正式制度环境建设，就必须注重完善财税支持制度；改

---

① 朱苏力：《制度是如何形成的》，北京大学出版社 2007 年版，第 55 页。
② ［美］诺思：《制度、制度变迁与经济绩效》，上海人民出版社 2008 年版，第 76 页。

革登记注册制度；强化监督管理制度；健全人才培育制度。

第一，完善财税支持制度。财税支持制度主要包括政府购买公共服务制度和税收激励制度两个方面。只有完善政府购买公共服务制度和税收激励制度，才能为我国慈善组织的大力发展注入持续动力。要完善政府购买公共服务制度，就必须理顺政社关系，将其纳入发展规划，完善购买流程，推进转移支付，明确权利义务；要完善税收激励制度，就必须推进慈善税收激励的立法化，建立差异化的税收优惠制度，提高慈善税后捐赠免税额度，增强税收优惠政策的可及性。

第二，改革登记注册制度。登记注册制度是慈善组织取得合法地位的前提与基础。要促进慈善组织的大力发展，就必须尽快完善慈善组织的登记注册制度。要完善慈善组织的登记注册制度，就必须建立"一元化"的登记注册体制，降低登记注册的准入条件，健全登记注册的服务机制。

第三，强化监督管理制度。要强化监督管理制度，就必须健全慈善募捐监督体制、慈善运行监督体制和慈善组织评估监督体制。要健全慈善募捐监督体制，就必须建立募捐人准入监督制度、捐赠人义务监督制度、受益人义务监督制度。要健全慈善运行监督体制，就必须要在健全慈善信息公开透明制度、健全慈善行业业务年审制度、健全舆论监督和人民群众监督制度上下功夫。要健全慈善组织评估监督体制，就必须健全慈善组织评估主体制度、等级评估制度和绩效评估制度。

第四，健全人才培育制度。要健全人才培育制度，就必须从制度层面提高慈善组织工作者的工资待遇和职业地位。要建立慈善人才职业资格制度，促进公益慈善职业化。要建立慈善人才激励制度。要高度重视慈善组织人才的招聘、评优、晋职、流动等制度建设。

(二) 积极加强非正式制度环境建设

非正式制度也是制约慈善组织发展的重要变量。慈善组织的制度供给不足既包括正式制度的供给不足，又包括非正式制度的供给不足。要积极加强非正式制度环境建设，就必须切实提升社会认知、增加社会信任、重塑公共精神、优化舆论环境、厚植慈善文化。要提升社会认知，就必须从根本上改变社会认知偏差，必须改变认知主体的习惯性认知，增强认知主体之间的交流互动。要增强社会信任，就必须重建社会信任的道德基础，建构具有中国特色的信任文化。要重塑公共精神，就必须强化正式制度约束，加强道德规范建设，推进社会公众参与。要优化舆论环境，就必须健全慈善组织信息披露机制，提升慈善组织的社会公信力；倡导慈善组织营销理念，提升慈善组织的影响力；增强慈善组织的信息管理能力，提升慈善组织的沟通力；建立多元主体联动机制，提升慈善组织的协同力。要厚植慈善文化，就必须加强慈善文化教育，培育公民慈善意识；加强慈善理论研究，完善中国特色慈善理论体系。加强慈善文化宣传，营造崇德向善的文化氛围。

三 科学借鉴西方发达国家的慈善制度建设经验

要促进我国慈善组织的发展，既要积极加强正式制度与非正式制度建设，又要科学借鉴西方发达国家促进慈善组织发展的制度建设经验。西方发达国家促进慈善组织发展的制度建设经验主要体现在财税支持制度、登记注册制度、监督管理制度、人才培育制度和非正式制度等方面。

（一）财税支持制度建设经验

在财税支持制度方面，西方发达国家的经验值得我们借鉴。社会组织发展的历史表明，社会组织在改善民生、促进社会管理中具有重要作用。基于此，不少发达国家为支持社会组织的"百花齐放"，专门制定配套财税政策以促进社会组织的发展，这些财税支持政策主要包括直接拨款、购买服务和税收优惠等制度安排。

政府直接拨款是政府鼓励社会组织发展最为直接的资金支持。约翰·霍普金斯的研究表明，德国政府提供了社会组织收入的 64%，澳大利亚政府提供了社会组织收入的 31%，英国慈善组织在 20 世纪 90 年代末得到的资助总额中，政府占 47%。[①] 根据 NCVO 2006 年搜集的信息，在 25000 家大型慈善机构的资金中，有 3/4 来自政府，这说明政府资助取向是十分明确的。[②] 尽管各个国家拨款方式各不相同，但不得不说的是，由于拨款的整个过程往往是由政府独立运作的，而政府一般更多地关注与其关系密切的社会组织，从而导致受益社会组织的范围受到一定的限制。此外，筹资机构和监督机构往往是同一主体，这种直接资助也容易出现腐败现象，且容易导致社会组织独立性减弱，发展相对被动。

鉴于政府直接拨款容易滋生腐败，且往往会使社会组织贴上"行政化"的标签而不利于激发社会组织的内在发展动力，所以，在实际操作中越来越多的国家更倾向于采用政府财政资金向社会组织购买公

---

① 王新明：《中国特色社会建设视域下的社会组织研究》，博士学位论文，中国石油大学，2014 年。

② 王浩林：《支持慈善组织发展的财政制度研究》，博士学位论文，东北财经大学，2012 年。

共服务的方式来扶持社会组织的发展。所谓政府向社会组织购买服务，是指政府在明确筹资原则和标准的基础上，对公共服务进行规划，确定财政支持数额，并向非营利组织公布，即公开招标，各非营利组织根据自身情况向政府递交投标申请书竞标，政府根据各组织情况审定中标组织，中标组织完成项目并评估合格后即可获得政府公益项目拨款。这种公共服务购买方式引入了竞争机制，公开透明，更易于选择优质的社会组织。当前，英国、美国、德国和许多其他国家纷纷采取了这种做法。例如，在英国，政府每年向社会组织提供约33亿英镑的财政资源，这些财政资源中的大部分都是通过这种公开招标的方式竞争性地发配给各级各类社会组织。

　　税收制度具有调节经济社会发展的功能，是促进社会组织发展的重要政策工具。慈善组织发展得好的国家，都会因地制宜地构建符合自己国情的税收制度，来激励慈善事业与慈善组织的发展。实施激励性的税收制度是美国政府长期以来促进社会组织发展的重要举措，也是美国社会组织长期繁荣发展的重要原因之一。[1] 对于个人捐赠，受赠人为具有免税资格的公益性组织的，税收优惠标准不得超过其调整后收入的50%，但超出部分可享受5年后结转期；对于企业捐赠，税收优惠标准不得超过其调整后收入的10%，但超出部分也可享受5年后结转期。[2] 无独有偶，日本的税收优惠政策还包括对社会组织和捐助者的税收优惠。根据社会组织的不同类型及其活动或事业对公共利益的贡献，往往不同程度地给予社会组织税收优惠。对于经过公益认定的公益

---

　　① 　陈成文、黄开腾：《制度环境与社会组织发展：国外经验及其政策借鉴意义》，《探索》2018年第1期。

　　② 　杨龙军：《美国非营利组织的税收制度及其借鉴》，《涉外税务》2004年第11期。

法人，如果营利性收入被用于公益事业，那么根据"视为捐赠制度"[①]，企业捐赠给特定公益推广法人时，只要符合设定条件，即可享受税前扣除待遇。[②] 可见，美国和日本的这些税收优惠不仅对社会组织的发展有促进作用，而且有利于引导社会力量对社会组织的支持。

（二）登记注册制度建设经验

在登记注册制度方面，西方发达国家的经验值得我们借鉴。为了充分尊重和保护公民的结社自由权，大多数发达国家都扶持社会组织发展，并多实行宽入口、重监管的宏观策略，以此来降低社会组织建立的门槛，促进社会组织的繁荣与发展。

慈善组织是英国最常见的非营利组织形式，其具体的组织形式也是多种多样的。在注册时，通常可以分为两种形式，即法人和非法人。根据慈善委员会的 CC21 文件和英国的《2006 年慈善法》，申请建立慈善组织必须到慈善委员会进行注册，并至少满足以下条件之一，即年收入超过 5000 英镑的民间公益组织；拥有永久性的不动产（资产收入可用于慈善事业）；在公共场所占用和使用土地或建筑物（固定办公室）。当然在英国也存在一些不符合上述最低条件限制而无法进行正规注册的慈善机构，但它们要受到其他相关法规的约束。

在英国慈善组织的注册过程非常简单且免费，只需要按照慈善委员会的要求完成相关程序即可，具体包括以下几点。第一，根据最新情况填写特别注册的《注册申请表》和《托管人情况登记表》，并提

---

① 张豪、张向前：《日本非营利组织监管机制创新及启示》，《国外社会科学》2016 年第 2 期。

② 廖鸿等：《国外非营利组织管理创新与启示》，中国言实出版社 2011 年版，第 149—150 页。

交过去三年的财务账户的副本。第二,提供相关说明文件和必要的辅助材料,例如组织章程或组织的管理条例;详细材料例如组织目标、活动计划、资金来源和受益人。慈善委员会的工作人员将根据法律和相关规则仔细评估材料,重点是评估组织的自身情况,并审查组织的管理人员。慈善委员会会在 15 日内对评估结果做出结论,即凡符合规定的组织准予注册;需要调整材料的组织则建议修改申请材料后再注册;评估不合格的组织不予注册。事实上,在这一过程中很多民间慈善组织在听取了慈善委员会的建议后对申请材料进行修改、补充、完善而成功注册。英国慈善委员会的这种专业咨询服务充分体现了其"有效性目标"和服务公众的理念。[①]

从英国慈善组织的注册角度来看,规范非营利组织发展具有三大制度优势。第一,准入门槛低,申请注册相对容易;第二,管理部门对不同的注册程序均有明确的时限要求,工作效率较高;第三,管理部门服务到位且全面。特别值得一提的是管理部门的服务。根据英国《2006 年慈善法》,慈善委员会在其具体工作中应遵循七项原则,即责任、独立、适度、公正、一致、多样性、平等性、透明。基于这七项原则,慈善委员会的主要工作不是行政管理而是为志愿者组织提供大量的信息、咨询和其他支持服务,这充分体现了英国慈善委员会的服务精神,也说明英国政府在对待非营利组织方面由管理型向服务型转变。这三个优势不仅反映了英国非营利组织相对完善的管理体系,而且还包含了许多人性化的服务理念和监管机构负责的专业精神。

---

① 王名等:《英国非营利组织》,社会科学文献出版社 2009 年版,第 23—32 页。

　　在美国，登记注册是非营利组织有望获得税收减免的必要程序。由于美国宪法明确规定了公民自由结社的权利，因此，州政府通常在非营利组织的注册中采用宽进原则。非营利组织只需向其所在地的内政部提交组织构成声明，以阐明组织的名称、宗旨、非营利属性和活动目标，即可经过州内政司批准进行注册。但是，内政部还将根据组织的类型采取有针对性的法律约束。例如，美国的NPO通常包括三种类型，即公益性组织、互益性组织和宗教组织。① 公益性组织若要享受免税政策，则必须到政府主管机构登记注册；互益性组织一般被称为慈善组织，无须登记，这是因为，其组织行为的本质是维护自己组织成员的利益，但是，有一种情况需要到州检察官登记处进行注册，即涉及处置用于慈善目的的财产。

　　作为一个移民国家，澳大利亚法律体系深受英国法律制度影响，对非营利组织的登记注册在管理上也比较宽松。规定只有以有限公司形式存在的非营利组织才需要法律登记，其他形式存在的组织可以不用进行法律登记也可以拥有自主开展活动的权利。尽管非营利组织的注册不是强制性的，但澳大利亚政府通过利益导向的方法吸引社会组织积极注册，这意味着非营利组织注册后可以获得法人资格，享受税收优惠，并且在组织解散时还能免于承担无限责任。同时，非营利组织注册后，政府的信誉为其赢得了更好的声誉，使其可以获得更多的社会捐赠。当然，注册非营利组织也有要求。第一，不允许注册的非营利组织从事任何以营利为目的的经济活动，并且应将非营利组织的

---

　　① 储诚友：《美国非营利组织会计及其规范给我们的启示》，《现代商业》2010年第33期。

收入用于公益事业。第二，申请注册的非营利组织的内部应设有董事会，且应标明董事会、全体会员大会的人数、时间和形式，以及选举方式。第三，董事会的人员变动应在一个月内上报登记机关，并每年上报财务审计报告，旨在促进公众监督检查，提高非营利组织活动的合法性和透明度。

(三) 监督管理制度建设经验

在监督管理制度方面，西方发达国家的经验值得我们借鉴。在慈善组织较为发达的国家，随着相关制度的完善，逐渐形成了一套法律保证、政府监管、社会监督、行业自律、多重保障、行之有效的多元监督管理体系。

经过长期的探索，许多国家依靠公共权力制定了相关的管理法律法规，充分发挥了登记机关和税务机关等部门的职能，应用注册管理、司法、审计以及税务等手段对整个社会组织进行了全面的监督管理。当然，不同国家对不同手段的重视程度不同，监管的重点也不一样。譬如美国主要运用税收监管，即根据社会组织是否享受税收优惠，享受什么样的税收优惠等不同情况，对社会组织实施不同类型的监督措施。作为社会组织的主要政府监管机构，美国联邦政府国税局 (Internal Revenue Service) 审查慈善组织的财务状况，通过财务报告、信息披露和年度回报抽查等方式评估慈善组织的运作情况，并对在监督过程中发现的非法组织和违法行为根据其程度予以罚款、取消免税资格、刑事处罚等处罚。除此之外，行为监管也是美国政府对慈善组织的监管方式之一，例如筹款，美国的每个州都有自己的规定，慈善组织必须符合法律规定的要求或标准，才能从公众那里筹集资金。同时，美国联邦法律还规定接受组织必须为超过 250 美元的捐赠出具收据。有了这张收据，捐赠者可以要求税务机关扣除相应的应纳税所得额。当然，如果捐赠人接受了受赠人的礼物，则应根据礼物的价值从捐赠中扣除，以防逃税。这个特定的管理标准是一把双刃剑。它不仅管理非营利组织，而且限制了捐赠者。而英国、日本等国家更加倾向于通过登记管理机关来进行监管。如在英国主要由慈善委员会通过报表系统和审计系统对慈善组织进行监管；而日本，则主要由业务主管部门和登记部门借助年度报告系统、现场检查系统等来实施对慈善组织的监管。

在社会监督方面，为了充分发挥公众监督的作用，许多国家建立了包括信息披露、捐助者监督以及舆论监督等多种制度，以实现对慈善组织的社会监督。例如，根据美国联邦法律，享受免税待遇的非营利组织必须对外公开其组织信息。任何公民都有权查看免税组织的原始申请文件和年度报告材料，或致函国税局请求了解某个免税组织的有关信息。如发现任何社会组织有违法行为，公众可向国家政府监督部门投诉，受理投诉的部门将积极回应，并按相应流程及时处理。在英国，慈善机构成功注册后的两个工作日内，该机构的各类明细就会被录入中央慈善登记数据库，而公众随时可以从慈善委员会的网站上直接查询该组织的具体情况。新加坡于 2003 年 8 月建立了 ROSES 电子系统，使公众能够在每年的任何时候都可查阅《宪法》和社会组织年度报告等详细信息。如果发现社会组织有不良行为，任何公民都可以向相应的行政部门予以举报。

在行业自律方面，为适应经济社会发展需要、更好地促进慈善组织发展，慈善组织行业自身也形成了同业互律、制定行业标准、加强评估认证等行业自律规范。譬如在美国，非营利组织行业自律的主流行为方式就是行业效应评估，行业效应评估一般由该组织自愿联合的顶层管理机构或权威部门组织进行。美国慈善信息局，就是一个由非营利组织负责人自发联合组建的全国性机构，也是美国有名的慈善组织行业效应评估机构。它评估的对象主要是向社会公众筹款的慈善组织，由于其评估的客观公正性，慈善信息局制定的评估标准已成为引导慈善组织健康发展的权威性标准。

澳大利亚非营利组织的行业自律主要采取同行监督的形式。所谓同行监督，是指性质相同的非营利组织以自律和他律的形式在一定程度上弥补政府监管的不足。同行监督往往通过公开出版物客观地向公众宣传性质相同的非营利组织的年度工作和运作效果，增强行业内非营利组织的自觉性。①

（四）人才培育制度建设经验

在人才培育制度方面，西方发达国家的经验值得我们借鉴。发达国家普遍高度重视社会组织人才队伍的培育，在社会组织人才的培养、选拔、考核和监督等方面有一套比较完善的制度体制，为社会组织的组建和进一步发展提供人力资源保障。在人才开发和培养方面，发达国家多拥有比较完备的机制体系，尤其注重从教育入手开发和培养社会组织专业人才，自然地，大学便成为其培养社会组织专业人才的主要阵地。譬如，在美国很多大学普遍开设非营利组织管理和社会工作这些为社会组织培养人才的主要专业，相关数据显示美国有 242 所高

① 王向南：《中国非营利组织发展的制度设计研究》，博士学位论文，东北师范大学，2014 年。

校提供非营利组织管理课程，有 146 所高校至少有一门与非营利组织管理相关的课程，有 97 所研究所有集中的非营利组织管理课程。在课程设置方面非常重视理论与实践的结合和注重随着社会的发展而与时俱进。

为了保证社会组织能够适应时代发展的需要，发达国家也非常注重对社会组织员工的培训和考核，实现组织的专业化发展。譬如在美国，就有许多专门的机构为社会组织提供专业培训、咨询和服务，这些机构通常会根据社会组织的人员特点为不同层次的人员提供不同的职业培训内容。德国的社会组织人员培训主要有网络课程培训和专门的机构培训。例如德国劳动与社会部下属的培训资源网站 KURSNET，该网站能提供包括社会、医疗、心理等多个领域在内的 2.41 万余个培训项目；德国的红十字会也为社会组织人员提供专门的培训，红十字在德国各州均设立了培训学校并且定期开设培训项目。有资料显示，参与红十字会志愿服务的 30 万志愿者都曾在这里得到过紧急救助的特殊培训。[①]

可见，发达国家普遍重视慈善组织人才培养，从最初的慈善组织人才培养选拔到后来的培训制度的建立，美国高校广泛开设非营利组织、社会工作等相关专业，并同时注重社会组织工作人员的培训且设有配套的考核体系，以确保社会组织人才的源源不断、质量稳定。而新加坡则专门成立了国家社区领导培训学院，旨在提高社会组织工作人员的技能，加强基层领导能力。

---

① 王新明：《中国特色社会建设视域下的社会组织研究》，博士学位论文，中国石油大学，2014 年。

（五）非正式制度建设经验

非正式制度是指人们在长期的社会生活中逐渐形成的规则，如习俗、伦理、文化传统、价值观、意识形态等。一个地区慈善组织的非正式制度环境可以通过"有利于慈善组织发展的当地社会文化环境""民众对慈善组织的接受认可度""当地政府接纳慈善组织参与相关决策的情况""慈善组织与政府、企业的合作情况"等指标体现出来。纵观慈善组织发展好的发达国家，莫不具有优良的非正式制度环境，即善组织发展的人文环境氛围良好，民众对慈善组织的认同度以及参与慈善事业的积极性都较高，慈善组织在改善民生和社会治理中发挥着重要的作用，慈善组织和政府、企业之间有着深度的交流合作，政府主动邀请慈善组织等社会组织参与公共事务和社会治理。

发达国家非营利组织的成熟发展与西方社会慈善文化的积累密切相关。慈善文化对早期西方非营利组织的发展和服务形式影响最大。虽然外国非营利组织在不同时期的特点、类型和活动差异很大，但它们的活动是在西方慈善文化核心价值观的基础上不断丰富和完善的，其源于基督教文化传统中的慈善精神。[1] 基督教教义主张平等、宽恕、博爱和救赎，其核心是博爱和救赎。博爱精神包括"爱皇帝""爱天下万物""爱自己"的基本要求。这些思想启迪心灵，作为道德基础，使人们在做好事时既不自满，也不追求他人的肯定，而是成为一种习惯，成为西方非营利组织活动中人文关怀的精神根源。在欧美国家，人们信仰基督教，具有强烈的宗教情结。因此，慈善和志愿服务已经成为

---

① 高琦：《从异教到自律：美国志愿者道德责任的产生分析》，《宁夏大学学报》（人文社会科学版）2012 年第 3 期。

西方社会全民的活动。无论富人阶层、中产阶级还是普通民众，都在基督教教义普世思想的影响下养成了乐善好施的文化自觉。①

在社会组织发达的国家，随着有关社会组织制度的逐步完善，各级政府与社会组织平等合作的伙伴关系也日趋成熟和稳定。许多西方福利国家不仅界定了政府与社会组织之间的伙伴关系，并且将这种关系标准化和制度化。例如，德国 1961 年颁布的《基本社会福利法》，即《社会援助法》规定，在设计和提供政府资助的社会援助项目时，现成的"负责社会援助的公共机构"应与"公法教会和宗教资助的社会援助项目"在政府资助的社会援助项目的设计和提供方面进行合作。英国 1998 年签署并发布了政府与志愿和社区组织合作框架协议（COMPACT 协议），协议明确了双方的合作伙伴关系，确立了双方在社区、志愿活动、协商和政策评估、政府采购以及黑族自愿组织等五个方面的合作原则，放宽了政府补贴的相关政策。② 加拿大 2001 年正式签署了"加拿大政府与志愿部门协议"，该协议提出政府与社会组织双方合作的价值理念和基本原则，以确保政府与社会组织双方都能本着协议约定的原则开展项目合作。③

在美国，政府与非营利组织的关系普遍表现出开放与和谐的基本特征。20 世纪 80 年代，罗纳德·里根政府倡导市场自由发展，使美国的社会志愿精神和独立行动成为人们新的价值追求；在 20 世纪 90 年

---

① 王向南：《中国非营利组织发展的制度设计研究》，博士学位论文，东北师范大学，2014 年。

② 施巍巍、杨风寿：《国外非营利组织参与社会管理的研究》，《商业研究》2008 年第 6 期。

③ 夏国永：《国外政府与社会组织合作治理的经验借鉴与启示》，《经济研究导刊》2012 年第 6 期。

代，克林顿政府大力推进新公共管理改革过程中，政府、企业和非营利组织被视为社会公共服务的平等主体和工具，这使政府与非营利组织的合作关系进一步加深，二者的合作伙伴关系在更高层次上进一步健全完善。①

可见，在发达国家，政府与社会组织之间的合作越来越多。与此同时，在把社会组织引入公共项目的运作和承接时，政府也发现越来越有必要让社会组织参与政府项目设计并担任一定的角色，让社会组织参与相关公共政策的制定与设计，社会组织的社会地位也日益提高。

（六）几点启示

建立一套科学合理的制度，实现政府对社会组织的有效管理，是社会组织有序健康发展的重要保证。从以上对西方国家有关社会组织的制度安排的梳理可以得知，目前大多数发达国家实行宽进口、重监管的政策体系，降低准入门槛、健全监督管理、加大财税扶持、注重人才培养，营造良好的社会环境氛围，以保持社会组织发展的生命力，推动社会组织稳步发展。

1. 宽松的设立制度

在大多数发达国家，社会组织的准入门槛和退出门槛相对宽松。英美等国的登记与否并不是社会组织合法性的先决条件。社会团体可以根据自身情况自由设立，不需要向机关、部门办理登记手续。只要社会组织的活动不违法，国家就不会干涉其自由活动。当然，社会组织要想享

---

① 王向南：《中国非营利组织发展的制度设计研究》，博士学位论文，东北师范大学，2014年。

受政府的财政支持和税收优惠，就必须进行登记，取得法人资格。在要求登记以取得法律地位的国家，程序通常很简单。例如，在新加坡，社会组织只需向登记机关申请并获得登记机关的批准即可。

2. 完善的监管体系

社会组织的监管包括登记、变更、终止、筹资以及活动限制等方面，其每项都包含详细的管理细节。因此，在社会组织管理体制完善的国家，普遍形成了一套法律保障、政府监督、社会监督、行业自律、多方配合的较为完善有效的监督环节。例如美国，在登记方面，负责登记的管理机关可以根据《美国非营利法人示范法》对社会组织予以解散；在政府监管方面，以税收监管为重点，联邦政府国税局作为美国社会组织的主要政府监管机构，负责对社会组织的运行情况进行评估监管；在社会监督方面，联邦法律规定，任何公民都有权检查免税组织的原始申请文件和年度报告；在行业自律方面，美国社会工作者协会是世界上最著名的专业社会工作者，同时也是美国行业自律组织，它主要通过严格的认证登记制度和考核制度，选拔或考核社会组织工作人员，确保社会工作者的素质。

3. 合适的财税扶持

加大对慈善组织的财税支持，从经济和物质上支持慈善组织的发展。尽管各国的具体优惠幅度和实施细则各不相同，但通过财税手段支持慈善组织的成长，是各国促进慈善组织发展的共识。财税支持体系主要包括财政支出体系和税收优惠体系。其中，财政支出体系主要包括政府直接拨款、购买公共服务、投资慈善组织能力建设等。税收优惠体系主要包括对具有免税资格的社会组织免税和对捐赠给社会组织的个人或单位免税两个方面。当然，免税权并不意味着所有活动都享有税收优惠。对于该组织的服务和经营，大多数国家都会利用税收制度建立一定的禁止营利范围，以确保慈善组织始终坚持其非营利和慈善的目的；同时，获得免税待遇的组织也不是永久性的，而国家税务机关一般也会规定免税资格审查制度，定期审查有免税资格的社会组织的财务状况，如果税务机关认定他们没有免税资格，其免税资格将被取消。

4. 注重人才培养

发达国家普遍重视社会组织人才培养，从最初的社会组织人才培养选拔到后来的培训、考核、监督，都有比较完善的制度。如美国，为加强对社会组织人才的培养，美国高校广泛开设非营利组织、社会工作等相关专业，同时注重社会组织工作人员的培训且设有配套的考核体系，以确保社会组织人才的源源不断、质量稳定。而新加坡则专门成立了国家社区领导培训学院，旨在提高社会组织工作人员的技能，加强基层领导能力。

5. 良好的慈善文化氛围

大多数西方国家，特别是欧美发达国家，非营利组织的产生和发展都源于基督教宗教文化。这种宗教文化的核心是博爱、罪感、谦卑和忏悔。博爱包括"爱上帝"和"爱人如己"，无论民族、肤色、阶级、性别、文化、国家，博爱都具有浓厚的普世主义色彩。罪感是基督教"原罪说"的基本内涵，认为上帝造人就是让人到世上来赎罪，慈善是赎罪的一种形式，是人们消除罪恶、重返天堂的必由之路；谦卑是戒除自满、平和心态的心理素养，讲究心胸坦荡、宽厚待人，坚守道德信念，既不为自己的善行感到自我满足，也不期望他人知道和称赞；忏悔是对原罪和自身过错的深刻反省，是改正错误、完善自我的有效形式。[1] 这种源于宗教文化的精神支撑和价值根基是非营利组织产生的文化基础。

非营利组织在西方兴起，其慈善公益活动往往表现出一种内在的驱动力，即非营利组织在开展公益活动服务他人的过程，也是组织成员获得精神慰藉和精神利益的过程，这样公益活动的实施者在与受助者的交流与互动中形成了一种互为需求的文化现象，有学者称之为"互济文化"[2]。在这种文化形态中，人与人之间的帮助是双向的、相互的，也就是说，帮助别人也是帮助自己，这种互助可以积累和扩大，演变成一种文化传承。随着这种"互济文化"的发展，欧美许多国家的绝大多数普通民众都愿意投身公益事业，他们在这种文化中体验生活乐趣，获得精神寄托，从而使西方非营利组织的慈善公益活动呈现出常态化、互济式的文化表征。

四 优化慈善组织活力社会机制的建议

慈善组织活力是指慈善组织发展的一种积极状态。如何充分激发慈善组织活力，乃是推动新时代慈善事业高质量发展的关键一环。要实现这一目标，必须优化慈善组织发展的社会机制。所谓社会机制，是指新时代慈善组织发展的内在机理和社会条件。按照社会学家吉登斯的结构化理论，这种社会机制是各种结构、文化因素和多元主体行

---

[1] 中国科学院可持续发展战略研究组：《中国可持续发展战略报告》，科学出版社 2012 年版，第 212—213 页。

[2] 高晓成：《孟子"仁义礼智"伦理观之再考查》，《中国文化研究》2003 年第 2 期。

动因素的统一体。探讨新时代慈善组织活力的社会机制，是推动新时代慈善事业高质量发展的理论前提。

（一）问题的提出

社会机制是社会科学领域非常重要的概念，甚至曾在美国形成了一场"机制运动"①。这是因为社会机制是一个解释与预测社会现象的重要切入口。默顿将社会机制定义为"由特定的社会过程导致的社会结构的特定部分"②。埃尔斯特将社会机制直接定义为一种解释方法。他认为，基于机制解释的方法能够打开黑箱并且展示其内部的"螺丝和齿轮"，主张从内部结构或者构造方面去分析现象之间的关系，阐明其内部运作机制。③ 早在20世纪90年代，"社会机制"概念就被传入我国并受到广泛关注。有学者认为，社会机制是"一定社会机体内部各相关要素、环节间相互作用联系方式所形成的带有一定向度性和循律性的使社会机体自动运行的机能"④。另有学者认为，社会机制是一种结构性力量及其相互作用的过程。⑤ 还有学者认为，社会机制是一种有着固定互动规律的因果关系。⑥ 国内学术界关于社会组织活力社会机制的研究主要集中在生成机制与运行机制两个方面。

一是关于社会组织活力的生成机制。社会组织自主性一直是学术

---

① Norkus Z. , "Mechanisms as Miracle Makers? The Rise and Inconsistencies of the 'mechanismic approach' in Social Science and History", *History and theory*, Vol. 44, No. 3, 2005.

② Merton R. K. , *Social Theory and Social Structure*, Simon and Schuster, 1968.

③ Elster J. , "Emotions and Economic Theory", *Journal of Economic Literature*, Vol. 36, No. 1, 1998.

④ 张建新：《社会机制的涵义及其特征》，《人文杂志》1991年第6期。

⑤ 刘世定：《危机传导的社会机制》，《社会学研究》2009年第2期。

⑥ 赵鼎新：《论机制解释在社会学中的地位及其局限》，《社会学研究》2020年第2期。

界关注的重要议题。有学者从"关系—知识观"的政治关联模型出发，讨论了社会组织自主性的生成机制问题，认为自主性获取方式可以分为正式性、资源分散与决策权威三个观察变量。[①] 另有学者研究发现，社会组织的诞生虽然来源于在地内生性和抽象内生性，但是，只有在地内生性才是社会组织自主性的微观生产机制，即通过"先社会、后政府"的组织策略，逐步实现资源独立性，实现共建共治共享的管理开发，实现专业性强、受制约少的服务方式。[②] 公共性是社会组织的本质属性。社会组织公共性的生成机制也被学术界热切关注。有学者认为，社会组织公共性的生长机制来源于两个方面。一方面是政治干预，主要指政治权力在社会组织发展过程中以各种方式和多种面孔来推动影响社会组织的再生产；另一方面是社会自主性，社会组织会采取依附、合作和博弈等多重自主性的行动策略来拓展其自身的公共性。[③]。

二是关于社会组织活力的运行机制。早在 2006 年，有学者就认为，社会组织的运作机制具有复杂性的特点，其复杂性在于内部大量的具有思想、情感、心理活动、社会需要和利益追求的行为主体——人所构成的相互影响、相互作用的非线性系统网络。[④] 另有学者认为，社会组织运作机制的动力来源在于"自上而下"的政府推动和"自下

---

① 宋程成、蔡宁、王诗宗：《跨部门协同中非营利组织自主性的形成机制——来自政治关联的解释》，《公共管理学报》2013 年第 4 期。

② 林磊：《在地内生性：社会组织自主性的微观生产机制——以福建省 Q 市 A 社工组织为例》，《中国行政管理》2018 年第 7 期。

③ 耿依娜：《价值、结构与行动：当代中国社会组织公共性评价的三维分析》，《云南大学学报》（社会科学版）2019 年第 3 期。

④ 杨博文：《论和谐社会创建中社会组织运行机制的复杂性》，《学术界》2006 年第 4 期。

而上"的公众参与。① 还有学者对支持型社会组织的行动机制进行了考察，发现其运行机制表现为"居间往返"，即面对政府开展合法性地位获得、专业性角色建构等行动时，支持型社会组织通过与政府的合作来推动；而面对社会组织，则通过公益孵化、公益创投、社区营造等方式来培育社会组织。这种"居间往返"的运行机制有利于社会领域健康的生态系统的形成。②

关于社会组织党建运作机制的研究也受到了学术界的关注。有学者提出了社会组织党建运作机制的保障机制、激励机制和制约机制。③另有学者认为，社会组织的党组织通过整合资源、建立居间关系、引导路径链接、吸纳精英、相互嵌入、价值渗透和传递等方式，有效地实现了社会组织党建引领的功能。④。还有学者认为，社会组织党建的动力机制在于制度契合逻辑与资源拓展逻辑两个方面，前者是指通过开展党建工作可以为社会组织带来体制内外的多元资源，后者指党建工作确保了社会组织的正当性，使之具有了与制度环境匹配的组织结构。⑤

此外，关于社会组织活力制度机制的研究，也成为学术界关注的重要议题。有学者从双重管理体制入手，讨论了政府对社会组织管理

---

① 吴军：《社会组织：功能定位、运作机制和发展取向——基于上海浦东新区潍坊社区的分析》，《理论月刊》2010年第12期。
② 丁惠平：《居间往返：支持型社会组织的行动机制——以北京市恩派非营利组织发展中心为个案》，《贵州社会科学》2019年第11期。
③ 王世谊、张加芳：《新社会组织党的建设运行机制研究》，《中共浙江省委党校学报》2010年第1期。
④ 王杨：《结构功能主义视角下党组织嵌入社会组织的功能实现机制——对社会组织党建的个案研究》，《社会主义研究》2017年第2期。
⑤ 沈永东、虞志红：《社会组织党建动力机制问题：制度契合与资源拓展》，《北京行政学院学报》2019年第6期。

的机制创新，认为国家应鼓励和扶持社会组织的发展，实现管理体制、方式和理念的创新，建立合作伙伴关系，以推动社会组织发展并发挥其治理协同的作用。① 另有学者认为，政府购买社会组织服务受政府、社会组织和社会三重制约因素的影响，因此，政府要创新支持机制，社会组织要完善自我发展机制，社会要健全认可和支持机制。② 还有学者研究发现，在"层层发包"模式下，基层政府基于社会组织的公共服务功能与潜在治理风险设置相应制度安排，不仅形成了影响社会组织的"鼓励发展或风险控制型"的制度环境，而且形成了注重通过发展社会组织解决自身难题的"借道"机制。③

综上所述，国内外学术界关于社会组织的社会机制已有一些开拓性的研究。这些研究无疑为探讨慈善组织活力的社会机制问题提供了重要的文献基础和有益的学术启迪。然而，既有研究也存在以下不足。第一，大多从如何激发社会组织活力出发，围绕活力现状、影响因素和激发策略等方面展开研究，而忽视了诸如传导、维系、评价与选择等环节。其原因在于缺乏动态性的视野，把社会组织活力当作一种静止的状态去研究，致使其他环节被忽视。这种忽视活力机制动态性研究的结果就是，社会组织活力可能被激发生成，但持续性不够，从而难以在社会治理中发挥更大作用。第二，在理论构建上没有触及机制内核，仅浮于现象表面，难以完成富有整体性、动态性、中介性、逻

---

① 金国坤：《论政府对社会组织管理的机制创新——"民办非企业单位"引发的行政法思考》，《行政法学研究》2011 年第 1 期。

② 王梅：《规制政府购买公共服务行为的制约因素及其体系建构》，《改革与战略》2012 年第 4 期。

③ 黄晓星：《社会服务外包中的协同共治——基于广州市政府购买社会服务政策实践的研究》，《福建论坛》（人文社会科学版）2018 年第 8 期。

辑性的社会机制理论的建构。此外，从研究对象上看，已有的研究主要集中在一般社会组织活力的社会机制方面，而对慈善组织活力的社会机制尚鲜少涉及。

从慈善组织的特殊性来看，其活力既是一种能力状态，又是一个组织能够有效应对环境、适应环境，乃至改造环境的过程。根据帕森斯的结构功能理论、过程分析理论、凯恩斯经济学总量理论，本书试图构建一个总量—过程分析框架，并运用该分析框架探讨慈善组织活力的社会机制。该分析框架借鉴了总量—结构的宏观政策分析思路。该思路认为，持续高速的经济增长和诸多社会矛盾的呈现，提示人们在宏观政策的制定和运用中，不仅要注重总量分析（如运用国民总产出、总供给、总需求、价格总体水平这些概念进行的分析），而且也要注重社会结构分析；要把二者结合起来，形成总量—结构的宏观政策。在国家治理体系与治理能力现代化的战略构建中，慈善组织发展应该遵循"政府管总量，社会管参与"的政策原则。这里所说的"总量"是指慈善组织规模、社会服务需求与供给、政府政策投入与产出等。这里所说的"参与"是指慈善组织介入、参与国家各领域生活的过程，尤其是社会治理、社会服务方面的过程。"参与"不仅应注重结果，更应重视过程，应遵循总量性、过程性、相关性、动态性等基本原则。因此，根据总量—过程分析框架，慈善组织活力的社会机制不仅包括其如何发力，而且包括其如何生成与传导、激发与维系、评价与选择等环节，甚至后者更加重要。因此，本书将对慈善组织活力的社会机制进行三个维度的动态性建构，包括生成—传导机制、激发—维系机制、评价—选择机制。

（二）慈善组织活力的生成—传导机制

任何组织为了生存都必须与其环境进行交换，获取资源的需求产生了组织对其外在单位的依赖性，资源的重要性和稀缺性则决定组织依赖性的本质和范围。同时，所有组织都依赖于供应者和消费者，但具体交换对象都是经过选择的，而且交换的类型也可以部分地由组织本身决定。我国扶持慈善组织的政策体系主要包括财政税收政策、基础设施建设、金融信贷保险服务以及人才政策等，这些政策仍然是围绕资源而展开。相较于其他市场社会组织，慈善组织活力存在均等化政策落实难、服务水平低、生成发展难等问题。此外，尤为重要的是在团体行动者关系→组织目标实现预期→组织规模与重要主体信号→政府政策的非预期结果的传导机制中，组织活力的生成－传导路径存在梗阻化、碎片化的困境。这可能导致慈善组织活力存在自上而下的权力效应和自下而上的群体效应。

1. 慈善组织活力生成—传导的基本过程

慈善组织活力生成—传导的基本过程包括以下四个阶段。首先，组织活力的产生。根据 Vicenzi 和 Adkin 关于组织活力决定因素的研究所述，组织活力主要可通过组织营收、组织智力水平和创新程度来衡量，这些成长要素是组织活力程度的决定因素。[①] 从组织的基本特征来看，影响慈善组织的组织营收、组织智力水平和创新程度的因素主要有慈善组织的性质、宗旨、职能以及资源、服务、治理等的规定和状况。其次，组织活力外显。如果一个组织能积极提供高品质服务，并

---

① Vicenzi R. , Adkins G. A, "Tool for Assessing Organizational Vitality in An Era of Complexity", *Technological Forecasting and Social Change*, Vol. 64, No. 1, 2000.

借由高品质项目动员组织所需要的资源，组织就能进入良性循环从而促使活力不断提升。慈善组织参与公共服务的积极性是其组织内在活力要素被激发后外显的状态。组织活力外显即是组织活力生成—传导的信源。再次，组织活力传播。组织传播是一种有步骤、有领导地进行内部成员间、组织与环境间的信息交流活动。在组织的各类信息传播中，组织活力传播有其独特的传播方式、传播载体和传播渠道。组织活力传播即是组织活力生成—传导的信道。最后，组织活力感知。一个组织的组织活力可以通过凝聚力、影响力、吸引力表现出来。这就是说，组织成员、服务对象以及社会公众都是组织活力的传导对象。从这个角度来看，组织成员、服务对象以及社会公众是组织活力生成—传导的信宿。

2. 慈善组织活力生成—传导过程的影响因素

根据伯恩斯的"策略结构化"理论，作为推进社会规则和制度优化的主体，行动者能够在现有的结构和条件限制下，赋予社会规则和场景新的诠释，并在进行互动的同时影响结构系统并对其进行重构。因此，结构和行动之间的相互作用对组织变革和发展产生了影响。虽然慈善组织的制度环境对组织活力的生成和传导产生整体结构上的限制，同时也会影响组织行动者及其行为模式，但组织行动者可以有效控制或消解外部环境对组织的制约，并将其内化为组织结构的一部分。

慈善组织活力的生成—传导过程受到以下几个因素的影响。首先，团体行动者关系。组织由个体成员构成，成员在组织中的行动具有自主性和主动性。从中观层面来看，组织在社会的结构中也具有主动性。不同层面的主动性相互关联，这就形成社会性的客观要求，即行动者之间通过交往确立行动系统中的他者。其次，组织目标实现预期。组织目标是组织对未来的期望值，包括使命、目的对象、指标、定额和时限。组织目标提供了衡量组织活动成功的标准和组织活动的动力，它的性质影响着组织的基本特征。组织目标是多重的而不是单一的，既有总体目标，又有具体目标；既有长期目标，又有中、短期目标；既有集体目标，又有许多个人目标。一般情况下，各类组织成员都处于试图实现组织目标的努力与期待之中。再次，组织规模信号与重要主体信号。信号传递是实现资源有效配置的条件之一，但不同特质组织的信号传递机制存在较大差异。信号理论认为，信号作用的大小取决于双方信息的不对称程度、信号质量等因素，根据信号传递内容可分为组织规模信号和重要主体信号。前者表明一个组织所拥有的人员数量以及这些人员之间相互作用的关系，后者是指在组织发展和运行过程中起决定性作用的参与主体，既是所在组织的信息传递中心，也是组织内其他工作小组的信息传递渠道。整个组织的成员依赖于这些重要参与主体以获取或传递必要的信息，以便完成工作。最后，政府政策的非预期结果。政府政策非预期结果作为政策的客观效果在很大程度上影响着慈善组织活力的生成和传导方向。政府政策非预期结果产生的原因较多，如政策问题之间的关联性、政策方案的外部效应、政策方案对目标群体的"反向激励"效应、政策执行主体的目标置换行为等。对政府政策非预期结果进行评估需要去除因环境因素产生的非政策影响，明确评估的标准和指标，并对其正、负收益进行衡量。

3. 慈善组织活力生成—传导的效应分析

组织活力生成—传导机制的不畅最终会给慈善组织带来负面影响，使其比一般组织更加迅速地走向消亡。因此，科学测量和评价组织活力的生成—传导机制效应，是构建慈善组织活力生成—传导机制的必然要求。

从制度环境的层面来看，国家治理现代化战略、社会治理格局的新变化、社会组织发展的时代定位是影响慈善组织活力生成的根本因素。这三者主要从两个方向上影响和形塑慈善组织活力的生成—传导模式。一是自上而下的方向。国家治理现代化战略以及党政部门对社会组织发展的定位，这些宏观层面的制度环境从组织外部自上而下地影响和形塑着慈善组织活力的生成。例如，顶层设计框架下创新性改革政策，影响着地方政府贯彻和落实改革部署的政策和制度的创新以及社会组织和社会公众合法合理参与社会治理的制度和机制的构建。二是自下而上的方向。随着治理理念的深入人心，以及公共服务的供给和需求不断多元化，人民群众的价值观念和原有的文化传统均朝着有利于社会组织发展的方向转变，新的社会治理格局开始形成。社会治理格局的这种新变化自下而上地影响和形塑着慈善组织活力的生成。例如，新的利益阶层、组织群体不断出现，政府、组织与个人出现分离，社会的逐渐分化与社会格局的复杂化形成了多元社会格局，大量自治性的社会组织兴起。

由于组织活力的生成—传导效应主要体现在行政和社会两个层面上，因此，慈善组织活力生成—传导机制的效应评价主要反映在对权力效应和群体效应的评价上。也就是说，可以从权力效应和群体效应两个方面分析评价慈善组织活力生成—传导机制的效应。一是权力效应。早在2013年，党的十八届三中全会通过的《中共中央关于全面深化改革若干重大问题的决定》就强调，要激发社会组织活力，要求正确处理政府和社会的关系，加快实施政社分开，推进社会组织明确权责、依法自治、发挥作用。可见，正确处理政府与社会的关系，实施政社分开，是激发社会组织活力的关键一环。因此，如果政府部门过多干涉慈善组织运行，那么，慈善组织就会成为政府分散转型压力、落实方针政策、实现社会控制的"雇员"，而不是合作治理的"伙伴"，这无疑会加剧社会组织的行政化、官僚化、异己化，最后必定会影响到社会组织活力的生成与传导。二是群体效应。群体效应是指个体形成群体之后，通过群体对个体约束和指导，群体中个体之间的作用会使个体在心理和行为上发生一系列的变化。就慈善组织而言，单个组织的发展运行必然受到其他社会组织发展和运行的影响。也就是说，如果政社关系清晰，社会组织的活力得到了充分的激发，则必然会产生群体效应，引导激发同类社会组织的发展。

4. 优化慈善组织活力生成—传导机制的对策建议

生成—传导机制是慈善组织活力社会机制优化的首要环节。生成是慈善组织活力的社会机制优化的前提；传导是指慈善组织的活力机制生成，向社会输出，促进社会各界共同参与其中，形成全民参与的慈善组织活力传导体系，是慈善组织活力的社会优化机制的重要环节。

首先，厘清慈善组织性质与职能。慈善组织是推动慈善事业发展的重要主体。在一定程度上，慈善事业发展进程主要取决于慈善组织的发展状况，可以说，充满活力的慈善组织是慈善事业健康发展的前提和基础。而要激发慈善组织活力，优化慈善组织活力的生成—传导机制，就必须首先界定慈善组织的性质和职能。清晰界定慈善组织性质和职能，有助于加快实施政社分开，推进社会组织明确权责、依法自治，增强慈善组织独立自主性；有助于正确处理政社关系，推进政府与慈善组织间的分工与合作，推进慈善事业发展和社会建设工作；

有助于进一步明确慈善组织的公益性质，进而增强社会公众对慈善组织的认识、信任及支持。为此，必须科学厘清慈善组织的公益性质及相应的职能分工。

其次，优化慈善组织治理结构。就形式层面而言，要优化慈善组织的治理，就必须保障其自治性与独立性，同时确保组织具有合理有效的治理结构，使其完全有能力承担服务于慈善事业的公共责任。慈善组织根据规模大小可设置相应的治理结构，大中型组织应形成理事会—管理层—会员大会的治理结构，小型组织则可联合设置相应结构。慈善组织的参与者包括创办者、捐赠者、目标受益人、管理人员、志愿者等，前三类人员基本不存在激励的问题，而真正参与组织治理的管理人员和志愿者则非常需要激励。大型慈善组织一般设置法人治理结构，但事实上，大型组织并不多，更多的是小型组织，这些组织甚至不一定登记备案并具有法人结构的基本条件。至于内容层面，可从机构方面的内容控制规范和业务方面的内部控制规范展开，前者包括人力资源管理、组织文化建设、社会责任承担、内部审计制度、风险评估制度等方面，后者包括经费收支、资产管理、采购活动、财务报告等方面。明确慈善组织责任人的内部治理责任，充分发挥内审机构在慈善组织中的作用，建立对内部控制的外部审计制度。

再次，拓宽慈善组织的资源渠道。拓宽资源渠道可以增强慈善组织的活力。一个慈善组织的活力来源于其获取所处环境资源的能力，而动员社会资源的能力越强，组织就越能够高效整合所需的资源。一个慈善组织拥有的资源越充足，就越有可能调动组织成员的积极性，提高其人力资源管理水平，进而提高组织的服务能力和效率，增强组织活力。因此，慈善组织的资源获取途径也是其活力的重要衡量指标。

慈善组织采用何种手段和方法来拓宽资源获取途径,不仅反映了其资源整合能力,也体现了其经营状况和运营能力,从而影响组织的活力。

最后,加强慈善组织形象传播。随着社会经济的发展,公众对社会参与的意识不断增强,但由于缺乏对慈善组织的了解以及慈善组织自身能力的不足,公众的参与行为在数量和效果上仍然不足。因此,需要加强慈善组织形象传播研究,提高公众对慈善组织的了解和认识,并通过社区宣传和社区教育,消除公众对生活困难群体的排斥和歧视现象,增强公众的社会责任感和道德感,引导其参与慈善事业。

(三)慈善组织活力的激发—维系机制

组织活力的两个基本前提是必须完成两项相互关联的任务。一是协调组织成员的活动并维持内部系统的运转,二是适应外部环境,前者产生了组织目标,后者孕育了组织需求并催生了组织激励。组织目标是组织决策、效率评价、协调和考核的基本依据,为组织前进指明了方向,是识别组织的性质、类别和职能的基本标志。任何一个组织都是为一定的目标而组织起来的,目标是组织最重要的条件。组织目标—需要—激励之间的内在必然联系是激发和维系机制的关系机理。要获得长足的发展,慈善组织必须从根本上激发其活力。为此,必须明确慈善组织活力激发的目标、需求、行为以及实现途径。

1. 慈善组织活力激发—维系的基本过程

慈善组织活力的激发—维系过程可以分为以下三个阶段。首先,确立组织目标。组织目标主要包括以下三个方面。一是推动生活困难群体公共服务均等化。慈善组织可以为生活困难群体提供公共服务,解决因户籍造成的公共服务不均衡或缺失问题。二是多渠道筹集资源并优化资源配置。慈善组织要在政府提供福利之外发挥拾遗补阙作用。三是社会环境的建构与政策倡导。慈善组织要通过社会议题的建构以及面向公众的倡导增加社会对生活困难群体的接纳和认同。其次，考虑组织需要，这主要体现在三个方面。一是组织合法性的需要。政府应完善相关法律法规，帮助慈善组织以合法身份开展各种组织活动。二是组织社会声誉的需要。慈善组织社会声誉的建立与积累主要依靠其自身实力以及服务能力与水平。三是组织社会认同的需要。没有较高的社会认同，一个组织的发展就会有受到极大的限制。尤其是在慈善组织活力不足、服务持续性不够的情况下，慈善组织的低社会知晓度会严重降低其社会认同度。最后，健全组织激励。要激发慈善组织的活力，就必须要把握物质激励与精神激励。在物质激励层面，慈善组织要为员工提供增强其服务能力与服务水平的培训；要尽可能地为员工提供可及的薪酬水平；要建立科学、客观以及有效的绩效考核制度，为绩效达标的员工提供一定的物质奖励。在精神激励层面，慈善组织要加强团队建设，营造亲和的工作环境，让员工在工作中心情愉悦；要开通正常有效的升迁通道，使员工能够更深入地参与生活困难群体服务事业；要建设公正公平的制度环境，基于公正公平的评价对员工进行奖惩、升迁。

2. 慈善组织活力激发—维系机制的影响因素

慈善组织活力激发—维系机制的影响因素可以分为三类。第一类是诱因性要素，即社会利益关系与利益格局的新变化。政府和市场都是生活困难群体服务的重要提供主体。然而，我国生活困难群体众多，仅依靠政府和市场难以满足生活困难群体日益多样化、个性化的服务需求。慈善组织可以弥补"政府失灵"和"市场失灵"的缺陷。第二类是强制性要素，即国家治理体系与治理能力现代化战略要求的变化。现代社会日益复杂的社会结构和社会关系决定仅靠正式的管控体制和单一的行政主体来履行社会管理职能已经变得力不从心。与此同时，市场这只"看不见的手"在充分追求经济效率价值取向时往往难以兼顾公平。在这种情况下，慈善组织被寄予厚望，承担了治理基层社会事务、福利供给、改善公共服务提供方式等功能。然而，当前各类社会组织行政化倾向明显，非正式开展活动、组织自身发展资源有限等问题较为严重，这导致了慈善组织在实践中面临着一定的困境。第三类是维系性要素，即公民的民主法治意识与意识形态文化的变化。新时代社会政策反映了公民民主法治意识的觉醒。改革开放以后，我国公民意识呈现出积极向上的态势。在生活中，他们能够积极客观地认识和判断各种社会现实，并通过多种渠道、多个组织参与公共事务，为自身权益而努力奋斗，并为社会治理建言献策。慈善组织强调生活困难群体的权利。我们可以从社会模式视角出发探讨生活困难群体的就业处境，不把生活困难群体在就业环境中所面临的困难看作个人身体损伤所造成的结果，而是归咎于社会缺乏无障碍、赋能的环境，并致力于通过社会议题意识的建构以及面向公众的倡导增加社会对生活困难群体的接纳和认同。

3. 慈善组织活力激发—维系机制的效应分析

慈善组织活力的激发效应既受组织内部资源配置水平、制度建设水平以及管理运行水平的影响，也受组织与外部环境的资源交换水平、制度支持水平等的影响。从实际情况来看，由于不同慈善组织内部资源配置水平、制度建设水平以及管理运行水平存在差异，以及组织与外部环境的资源交换水平、制度支持水平存在差异，因此，慈善组织活力的激发机制效应也存在差异。简单来说，慈善组织活力的激发机制效应可以分为强激发模式效应与弱激发模式效应。慈善组织活力的维系效应取决于能否持续地实现组织持续的发展、持续地实现组织资源汲取能力的发展以及持续地改善外部制度环境。从实际情况来看，因为不同慈善组织在持续地实现组织持续的发展、持续地实现组织资源汲取能力的发展以及持续地改善外部制度环境等方面存在差异，所以慈善组织活力的维系机制效应也存在差异。简单来说，慈善组织活力的维系机制效应可以分为强维系模式效应与弱维系模式效应。根据慈善组织激发与维系机制效应的分类，慈善组织发展运行的效应可以分为四种类型，即弱激发弱维系模式、弱激发强维系模式、强激发强维系模式与强激发弱维系模式。

首先，从弱激发弱维系模式来看，慈善组织的活力激发与维系之间构成了一种恶性循环，导致慈善组织既不能良性成长发展，也不能为生活困难群体提供高质量、高效率的社会服务。从一定程度上讲，慈善组织的活力激发程度低，代表了外部的制度环境并不有利于慈善组织的成长与发展，而且组织内在的组织能力、资源配置能力难以提升，其服务能力与服务水平也就难以提高。其次，从弱激发强维系模式来看，慈善组织的活力激发与维系之间的关联性较弱。慈善组织的维系不以自身的内在能力为基础，主要依赖于外在环境的支持而得以存续。弱激发强维系模式总体上来说是一种非正常模式。在现实中，这主要表现为某一地区的慈善组织数量较少甚至具有唯一性，其提供的生活困难群体服务具有垄断性，政府购买公共服务以及社会在寻求服务时缺乏选择性。再次，从强激发弱维系模式来看，慈善组织的活力在得到激发的情况下，其持续服务能力与服务质量没有得到相应提升。强激发弱维系模式也是一种非正常模式。在这一模式中，慈善组织外部环境得到优化或者内部资源配置得到优化，但是慈善组织的发展水平与服务能力没有得到持续性发展，这是因为只有政府制度环境得到了改善，但是慈善组织的内部管理与资源配置没有得到优化，从而从根本上制约了慈善组织自身发展。最后，强激强发维系模式是慈善组织最为理想的一种模式。在这一模式中，慈善组织通过外部环境以及内部资源配置的优化，不断提升组织的发展水平与服务能力，即通过组织活力激发机制效应促进组织维系机制效应。反过来，慈善组织维系机制效应的增强，又可以加强外部环境的优化，例如政府加强服务购买，放松制度管制；社会对组织认同度更强，慈善募捐能力越高，生活困难群体以及家庭成员对组织的服务认可度越高，更愿意购买服务。

4. 优化慈善组织活力激发—维系机制的对策建议

激发—维系机制不仅有利于推动慈善组织的外部环境优化，而且有利于促进慈善组织的内在管理水平与资源配置能力的提高，使慈善组织能够高效地、高质地为生活困难群体提供社会服务，进一步推动慈善组织的可持续发展，最终形成激发—持续的良性循环。

首先，强化慈善组织的公益性与非营利性。为使慈善组织的界定更为清晰，需要进一步理解生活困难群体组织的基本特性。慈善组织包括组织性、民间性、非营利性、自治性、志愿性等特性。具体而言，慈善组织在服务慈善事业的过程中，必须具有不同于政府和企业的基本特性，即慈善组织虽然需要营利以维系组织运行，但必须不以营利为主要目的，其营利所得不得进行分配或分红以及不得将组织资产以任何形式转变为私人财产等。公益性则强调慈善组织的内在驱动力是以志愿精神为背景的利他主义和互助主义，主要体现在志愿服务和社会捐赠是慈善组织的重要社会资源、残疾社会组织活动的公开性、透明性以及其主要提供公益性物品或服务等。增强慈善组织的公益性，必须进一步强化服务生活困难群体的公益性宗旨，提供生活困难群体公共服务的公益性行动，并基于其公益性与非营利性获得相关的社会权力，激发其组织活力。

其次，在完善慈善组织的内部激励机制方面，需要考虑到不同的层面，包括人才评价、薪酬体系、职业资格认证制度等。第一，人才评价是完善慈善组织内部激励机制的基础。应当建立符合慈善组织发展规律的评价体系，制定相应的职业资格认证制度和职称晋升规定，根据员工的能力和工作表现，公平合理地进行评估和晋升，提高员工自我价值的认知和工作积极性。第二，薪酬体系也是慈善组织内部激励机制的重要组成部分。通过建立健全薪酬增长机制，合理调整薪酬结构，对员工的业绩和贡献进行奖励，可以激发员工的工作积极性和创造性，提高整体的工作效率和质量。此外，还需要提供丰厚的福利待遇，如医疗保险、住房补贴等，增强员工的归属感和幸福感，从而更好地激发他们的内在动力。除此之外，慈善组织还可以采取其他措施，如加强培训和教育，提高员工的专业素养和综合能力，激发他们的学习热情和创新能力。此外，也可以设立优秀员工表彰制度，对那些在工作中表现突出的员工进行表彰和奖励，为员工树立榜样，营造积极向上的工作氛围。总之，完善慈善组织的内部激励机制是提高慈善组织整体活力和效率的重要措施。应当注重员工的个人发展和价值实现，为员工提供良好的工作环境和发展机会，促进慈善组织的可持续发展。

再次，推进慈善组织的法治化进程是当前亟待解决的问题。依法规范慈善组织活动，实现慈善组织治理的法治化，是慈善组织活力社会机制优化的重要举措。为此，应通过法治来规范慈善组织与政府职能部门之间的关系，区分彼此之间的权力边界，确保慈善组织的独立自治，规范社会组织管理，进而形成社会组织与政府之间相互协作、互相推进的机制。具体而言，需要降低慈善组织的登记门槛、简化登记程序，将登记与其合法性分离，逐步摒弃双重管理，推动政府监管理念的改变和监管效能的全面提升，解除登记制与慈善组织合法性的绑定，逐步实现政府监管从重视登记向日常监管的转移，逐步使监管聚焦于法人，以利于政府监管资源的合理配置。

最后，健全慈善组织发展的政策保障机制是推动慈善事业发展的必然要求。在政策制度的保障下，慈善组织可以获得更好的发展环境和政策支持，以更好地发挥其社会作用和慈善事业的价值。政策保障应该具有制约和使能的作用。政策保障对于慈善组织的发展具有指导性和导向性，决定其是否具有合法性地位，对其产生、运行有着决定性的促进或抑制作用，规范其与党政职能部门的关系边界及其权利义务关系、运行的体制机制等。在资金支持方面，政府可以通过制定慈善组织的财税制度、项目购买制度等政策来支持慈善组织的发展。财政补贴包括一次性财政资助、基本经费支持、专项补贴等，减免税收待遇也可以有效地支持慈善组织的财务管理和发展。另外，政府也可以通过购买慈善组织的项目来实现部分职能下放和支持慈善组织的发展。总之，政策是慈善组织发展的前提和基本保障，也是推动慈善事业发展的重要保障措施。政府应该积极制定和完善相关政策，为慈善组织发展创造更好的制度环境和政策支持，从而更好地发挥其社会作用和慈善事业的价值。

（四）慈善组织活力的评价—选择机制

慈善组织的活力可以通过社会认同、公共参与、社会声誉和效率等进行评价。慈善组织的社会认同、公共参与和社会声誉在本质上是组织认知—行动关联、组织成员心理安全和组织行为驱动的产物。就组织社会认同与社会声誉而言，社会法律制度是强制性要素，文化期待、观念制度是人们广为接受的社会事实，具有强大约束力，规范着人们的行为，迫使经营主体采纳具有合法性的组织结构和行为，构成为组织活力的诱致性要素和维系性要素。就组织行动关联而言，它直接指向组织效率。效率是组织认知—行动关联的重要标准，效率因不同约束条件（如权力占有、交易成本）而变化，并且只是相对于那些决策参与者的利益而言，若没有参与决策过程，由决策产生的规则可能因未反映其利益而被阻止。要激发慈善组织活力，就必须以提升组织效率为目标，并通过扩大公共参与，强化慈善组织的社会认同，提高社会组织的社会声誉。

1. 慈善组织活力评价—选择的基本过程

慈善组织活力的评价—选择过程可以分为以下三个阶段。首先，显著与自我类别化。自我类别化（self-categorization）理论认为，个体从独立个体到群体成员的过程是通过类别化而得以实现的，通过"去个性化"实现对群体的归属和成员身份的定位。[①] 当这种分类判断

---

① 杨宜音：《关系化还是类别化：中国人"我们"概念形成的社会心理机制探讨》，《中国社会科学》2008 年第 4 期。

使个体完成自我类别化后，便形成了较为稳定的自我类别化群体。[①] 慈善组织的显著与自我类别化是慈善组织活力评价—选择机制运作的首要环节。其次，组织自我调节。自我调节指的是学习者为了实现目标而积极地自我认知、行动和学习的过程，[②] 它又可以分为自我观察、自我判断和自我反馈三个子过程。[③] 通过这三个过程，学习者非常清楚自己的绩效并且能够不断地监控学习进程。慈善组织自我调节是慈善组织认知发展从不平衡到平衡状态的一种动力机制。从广义上讲，它指慈善组织给自己制定行为标准，用自己能够控制的奖赏或惩罚来加强、维护或改变组织行为的过程。从狭义上讲，它是指当慈善组织达到了自己制定的标准时，用自己能够控制的奖赏来加强和维持组织行为的过程。可见，慈善组织中的组织自我调节是慈善组织活力评价—选择机制运作的重要环节。最后，组织竞争与变革。从外部看，竞争影响着慈善组织的活力。慈善组织作为一种组织类型，彼此之间的关系是从生存到竞争再到合作的过程，是一种合作与竞争同构的组织关系。组织竞争与合作是慈善组织活力发展的重要两翼，良好的慈善组织关系是共识和冲突之间的一种复杂的平衡。从内部看，变革制约着慈善组织的活力。由于国家公权力量主导的传统型社会组织管理体制难以适应治理现代化的要求，慈善组织需要承担越来越多的社会治理任务，这对慈善组织变革提出了更多的要求，这就需要探索创新慈善组织管理体制及机制，实现慈善组织治理现代化。

　　[①]　陈满琪：《自我类别化及其对群际关系的影响》，《青年研究》2019 年第 5 期。

　　[②]　Zimmerman B. J. , "Self‐regulated Learning and Academic Wchievement: An Overview", *Educational Psychologist* , Vol. 25, No. 1, 1990.

　　[③]　Schunk D. H. , "Self‐regulation of Self‐efficacy and Attributions in Academic Settings", *Self‐regulation of Learning and Performance: Issues and Educational Applications* , 1994.

2. 慈善组织活力评价—选择机制的效应分析

慈善组织活力的评价—选择机制效应是非常重要的，如果不能正确发挥这个机制的作用，慈善组织就容易走入歧途。慈善组织活力评价 - 选择机制可以从达克效应和参与效应两个方面来进行把握。

达克效应，全称是邓宁—克鲁格效应，它是一种认知偏差现象。所谓认知偏差是指，因为某些人缺少一种关键的"元认知"能力，因此在自己表现不佳的时候无法退一步思考，看清自己的真实表现、认清自己的真实不足，反而自我感觉过于良好。邓宁和克鲁格通过对人们阅读、驾驶、下棋或打网球等各种技能的研究发现，"在幽默感、文字能力和逻辑能力上最欠缺的那部分人总是高估自己，当他们实际得分只有12%时，却认为自己的得分在60%以上"。达克效应指出人们经常会有的三个特点。一是能力差的人通常会高估自己的技能水准；二是能力差的人不能正确认识其他真正有此技能的人的水准；三是能力差的人无法认知且正视自身的不足，及其不足之极端程度。接受慈善组织捐赠或帮助的大多数是生活困难群体，他们本身的受教育水平相对较低，很容易缺乏"元认知"能力而产生认知偏差现象。

参与效应是指管理者让员工参与组织的决策过程及各级管理工作，让员工与不同管理层管理者共同商讨管理中的重大问题。参与管理工作会让他们感觉自己受到了尊重与信任，激发起对组织的强烈责任感，满怀热情地投入工作中去。"参与管理"思想的提出，源于心理学上的"社会人"假说。早在20世纪30年代，美国心理学家梅奥在霍桑实验后就提出了著名的"社会人"假说。梅奥认为，人们的行为并不单纯出自追求金钱的动机，还需要管理者能够满足自己获得尊重、自我实现等方面的社会需要。因此，管理者应该把员工当作社会人来对待。

后来，管理者在"社会人"假说的基础上，提出了"参与管理"的新型管理方式，让员工不同程度地参加企业决策的研究和讨论。20 世纪 50 年代末，管理学家麦格雷戈等人，提出了"自动人"的人性假设，认为管理者可以在适当的条件下采取参与式的管理，让员工们在与自己相关的事务上享有一定的发言权。员工参与管理可以促进组织内部的沟通协调，增强组织内部的凝聚力，将不同的部门整合为一个有着共同追求的整体；员工参与管理，可以在一定程度上激发员工的潜力和热情，提高员工的工作满意度，从而提高工作效率。因此，参与管理在西方国家得到了广泛的应用。近年来，我国的企业也开始运用参与管理的方式，例如许多企业开始采用员工持股的形式。员工股份所有制是指员工拥有公司一定数额的股份，从而使自己的利益与公司的利益联系在一起，在心理上能够体验到做主人翁的感受。员工除了合法拥有公司的股份外，还获得了公司经营状况的知情权，以及对公司的经营方式提出建议性看法的权利。这种方案有利于提高员工的主人公意识，激励他们热情洋溢地投入工作。

3. 优化慈善组织活力评价—选择机制的对策建议

首先，厘清不同类型慈善组织的角色与职能。虽然慈善组织应具有非营利性、非政府性、公益性等特点，但实际上，这些组织的生长发展大体存在"自上而下"与"自下而上"两种典型路径。前者指在政府主导或组建下成立和发展的生长路径，后者则指公民基于社会需求而自发自愿成立和发展的路径。基于生长路径的不同，我国慈善组织可以分为"自上而下"的"官办慈善组织"（或有官方背景）和"自下而上"的"民办慈善组织"两种基本类型。根据登记注册情况的不同，实践中的民办慈善组织还可以进一步分为三类，即民政部门登记注册类、工商部门登记注册类以及尚未登记注册类的民办社会组织。不同类型的慈善组织由于其"合法"身份上的区别,因而在资源获取、行动力和自主性等方面也存在一定的差别。从我国慈善组织的发展情况和活动实践来看,不同类型的慈善组织也塑造了各自的独特职能优势。因此,慈善组织需要加强自身角色认知,培养正确的参与意识,充分认识到自身在慈善事业中的责任,在厘清不同类型社会组织角色与职能的基础上,实现与政府的良性互动合作,进而优化其组织活力评价机制。

其次,加强慈善组织的规范化建设。推进慈善组织管理体制的改革,尽快确立一元化管理体制,妥善处理好培育和监管的关系、干预和支持的关系、自律与他律的关系、直接登记与多方管理的关系、民间化改革和政府扶持的关系。健全慈善组织的内部治理结构,健全内部监督机制,强化制度约束。慈善组织的内部监督机制主要依靠某种上下级关系或依靠资源配置方面的权利来实现自律。第一,慈善组织应该建立健全民主决策制度、财务管理制度等各项内部规章制度以及奖惩考核机制、激励竞争机制等各项运行制度,强化制度对于组织活动、组织成员的"硬约束",促进组织的规范化建设。第二,加强道德自律,培育组织成员的诚信自律意识,强化慈善组织的"软约束"。慈善组织应通过加强成员对组织使命、信念的理解和认同,培育成员的公益观念和志愿精神等,不断强化成员的职业道德建设,培养成员的普遍自律意识。第三,成立慈善组织协会,制定行业规则和行业标准,开展行业评估,推动行业自律,不断提高组织自身的质量,强化慈善组织的社会责任。

再次,拓宽慈善组织的参与渠道。参与渠道即指慈善组织参与生活困难群体服务及社会事业的各项活动的路径。参与渠道是慈善组织为慈善事业表达意见和实现需求的有力保证。参与渠道通常有直接提供服务、参与慈善事业领域的公共决策、社会支持慈善事业的环境营造等。慈善组织对生活困难群体领域公共决策的参与是最有影响力的参与，可以通过政府信息公开、听证制度、信访制度等途径。这些途径在较长时期内对于推动慈善组织参与慈善事业发挥了重要作用，但由于生活困难群体面对社会新发展及其所面临的新形势、新要求，其参与渠道亟须得到新的拓展，慈善组织可以充分利用网络技术和大众媒体积极培养参与意识，拓宽社区参与、网络参与等新途径，并引导其逐步实现制度化、规范化和程序化。

最后，健全慈善组织的第三方评价机制。尽快实现制度转换，优化构建慈善组织效能的第三方评价。强化信息公开，引导具有较强规范性、专业性的慈善组织提供专业的评估服务，且第三方要在法律框架下独立自主地开展评估活动，对评估结果负责。优化第三方的选择、评估标准与指标体系、评估方法、评估程序及评估结论等都应该公开透明；要求评估具有较强的准确性，强调通过评估信息来揭示慈善组织的运行状态，同时评估得出的结论又构成了新的信息。优化第三方评估，不断释放政府监管的能量，提升政府监管能力，形成柔性化的社会多元监管与刚性化政府监督的协同途径。要保障第三方评估机构的独立性，进一步完善第三方评估的工作机制，正确对待第三方评估制度，第三方评估不仅要接受评估、得出评估结论，还要包括以评促改和以评促建等内容，借助第三方评估帮助慈善组织加强活力建设。

参考文献

一 经典著作和中文著作

《马克思恩格斯选集》1—4 卷，人民出版社 2012 年版。

《习近平谈治国理政》，外文出版社 2014 年版。

《习近平谈治国理政》第三卷，外文出版社 2020 年版。

《习近平谈治国理政》第四卷，外文出版社 2022 年版。

陈为雷：《中外慈善事业比较研究》，中国政法大学出版社 2020 年版。

陈东利：《中国公民慈善意识培育》，上海大学出版社 2014 年版。

褚松燕：《中外非政府组织管理体制比较》，国家行政学院出版社 2008 年版。

褚蓥等：《改革慈善：现代慈善事业创新改革理论与实践》，社会科学文献出版社 2016 年版。

邓国胜：《非营利组织评估》，社会科学文献出版社 2001 年版。

邓亦林：《制度环境演化与中国特色社会组织发展研究》，中国社会科学出版社 2018 年版。

龚咏梅：《社团与政府的关系——苏州个案研究》，社会科学文献出版社 2007 年版。

黄晓勇等:《社会组织蓝皮书:中国社会组织报告》,社会科学文献出版社 2019 年版。

阚珂:《中华人民共和国慈善法解读》,中国法制出版社 2016 年版。

李培林等主编:《社会蓝皮书:2022 年中国社会形势分析与预测》,社会科学文献出版社 2022 年版。

廖鸿等:《国外非营利组织管理创新与启示》,中国言实出版社 2011 年版。

刘京:《2015 中国慈善捐赠发展蓝皮书》,中国社会出版社 2016 年版。

上海市慈善基金会、上海慈善事业发展研究中心:《慈善理念与社会责任》,上海社会科学出版社 2008 年版。

上海市慈善基金会、上海慈善事业发展研究中心:《转型期慈善文化与社会救助》,上海社会科学出版社 2006 年版。

田凯:《非协调约束与组织运作——中国慈善组织与政府关系的个案研究》,商务印书馆 2004 年版。

唐兴霖:《国家与社会之间——转型期的社会中介组织》,社会科学文献出版社 2013 年版。

王浦劬等:《政府向社会组织购买公共服务:中国和全球经验分析》,北京大学出版社 2010 年版。

王名:《非营利组织管理概论》,中国人民大学出版社 2002 年版。

王名等:《慈善组织通论》,时事出版社 2004 年版。

王名:《国民间组织 30 年——走向公民社会》,社会科学文献出版社 2008 年版。

王名等:《美国非营利组织》,社会科学文献出版社 2012 年版。

王浩林：《支持慈善组织发展的财政制度研究》，经济科学出版社 2016 年版。

王俊秋、许维江：《社会治理视域下的慈善组织发展道路研究》，科学技术文献出版社 2019 年版。

王绍光：《多元与统一——第三部门国际比较研究》，浙江人民出版社 1999 年版。

谢志平：《关系、限度、制度：转型中国的政府与慈善组织》，北京师范大学出版社 2011 年版。

徐麟：《中国慈善事业发展研究》，中国社会出版社 2005 年版。

俞可平等：《国公民社会的兴起与治理的变迁》，社会科学文献出版社 2002 年版。

俞可平：《中国公民社会的制度环境》，北京大学出版社 2006 年版。

杨团、葛顺道：《公司与社会公益 II》，社会科学文献出版社 2003 年版。

杨团、朱健刚主编：《慈善蓝皮书：中国慈善发展报告（2022）》，社会科学文献出版社 2022 年版。

杨道波等译校：《国外慈善法译汇》，中国政法大学出版社 2011 年版。

杨昌栋：《基督教在中古欧洲的贡献》，社会科学文献出版 2000 年版。

郑杭生：《社会学概论新修》（精编版），中国人民大学出版社 2009 年版。

郑功成：《当代中国慈善事业》，人民出版社 2010 年版。

郑功成：《慈善事业立法研究》，人民出版社 2015 年版。

周秋光：《近代中国慈善论稿》，人民出版社 2010 年版。

中国现代国际关系研究院课题组：《外国非政府组织概况》，时事出版社 2009 年版。

仲鑫：《慈善公益组织运行模式研究》，九州出版社 2014 年版。

张钟汝、范明林：《政府与非政府组织合作机制建设——对两个非政府组织的个案研究》，上海大学出版社 2010 年版。

周雪光：《组织社会学十讲》，社会科学文献出版社 2003 年版。

朱苏力：《制度是如何形成的》，北京大学出版社 2007 年版。

邹世允：《中国慈善事业法律制度完善研究》，法律出版社 2013 年版。

竺乾威等：《社会组织视角下的政府购买公共服务》，中国社会科学出版社 2019 年版。

周俊等：《社会组织与慈善组织管理》，北京大学出版社 2017 年版。

张奇林等：《中国慈善事业发展研究》，人民出版社 2014 年版。

二 中文期刊

毕素华：《慈善事业中的政府、慈善组织与公众——公众微观认知的视角》，《学术研究评论》2020 年第 4 期。

陈东利：《慈善组织的公信力危机与路径选择》，《河北师范大学学报》（哲学社会科学版）2012 年第 1 期。

陈成文等：《论推进个人所得税制改革与发展慈善事业》，《上海财经大学学报》2013 年第 1 期。

陈成文、黄诚：《论优化制度环境与激发社会组织活力》，《贵州师范大学学报》（社会科学版）2016 年第 1 期。

陈成文、黄开腾：《制度环境与社会组织发展：国外经验及其政策借鉴意义》，《探索》2018 年第 1 期。

陈成文等：《新时代"弱有所扶"：对象甄别与制度框架》，《学海》2018 年第 4 期。

陈成文等:《发展慈善事业与实现新时代的"弱有所扶"》,《中州学刊》2020 年第 10 期。

陈斌:《改革开放以来慈善事业的发展与转型研究》,《社会保障评论》2018 年第 3 期。

陈为雷、毕宪顺:《Web 2.0 时代新媒体慈善监督刍议》,《理论导刊》2015 年第 6 期。

陈思、凌新:《社会治理精细化背景下慈善组织效能提升研究》,《理论月刊》2017 年第 1 期。

陈义平:《慈善组织参与社会治理的主体性发展困境及其解构》,《学术界》2017 年第 2 期。

陈平:《"吸纳型治理":慈善组织融入城市社区治理的路径选择》,《理论导刊》2019 年第 2 期。

褚蓥:《个人募捐到底应该如何监管》,《中国社会报》2014 年 12 月 22 日第 4 版。

曹煜玲、张军涛:《论我国政府在慈善事业中的作用》,《理论界》2009 年第 7 期。

陈如、曹源:《我国慈善组织公信力弱化的因素与对策——以汶川大地震为例》,《唯实》2010 年第 3 期。

陈玉娟:《建国以来我国社会组织管理体制研究》,博士学位论文,中共中央党校,2018 年。

邓国胜:《慈善组织培育与发展的政策思考》,《社会科学研究》2006 年第 5 期。

党秀云、谭伟:《民族地区慈善组织参与基层社会治理的路径选择》,《新视野》2016 年第 1 期。

傅金鹏：《慈善组织演进轨迹与培育路径》，《重庆社会科学》2012 年
　　第 8 期。

傅金鹏：《我国公益性社会组织提供公共服务的问责逻辑》，博士学位
　　论文，复旦大学，2012 年。

范逢春：《地方政府社会治理：正式制度与非正式制度》，《甘肃社会科
　　学》2015 年第 3 期。

关信平：《当前我国增强社会组织活力的制度构建与社会政策分析》，
　　《江苏社会科学》2014 年第 3 期。

高齐：《从他律到自律：美国志愿者的道德责任生成探析》，《宁夏大学
　　学报》（人文社会科学版）2012 年第 3 期。

高红、杨秀勇：《慈善组织融入社区治理：理论、实践与路径》，《新视
　　野》2018 年第 1 期。

高鉴国：《美国慈善机构的外部监督机制对中国的启示》，《探索与争
　　鸣》2010 年第 7 期。

高志宏：《再论我国慈善组织公信力的法律重塑》，《政法论丛》2020
　　年第 2 期。

高小枚、傅如良：《正式制度对慈善组织发展的影响研究》，《贵州社会
　　科学》2018 年第 9 期。

高小枚：《经济转型升级背景下慈善组织发展的区域差异性》，《经济地
　　理》2018 年第 5 期。

高小枚：《论健全慈善监督体制与提升慈善公信力》，《贵州社会科学》
　　2017 年第 9 期。

高小枚：《论志愿服务组织发展的制度环境》，《山东社会科学》2015
　　年第 5 期。

高小枚：《论习近平的新时代慈善事业观》，《贵州师范大学学报》（社会科学版）2021 年第 3 期。

高小枚：《非正式制度对慈善组织发展的影响——基于云南、湖南和上海三省市调查数据的实证研究》，《贵州师范大学学报》（社会科学版）2020 年第 5 期。

黄家瑶：《中西方慈善文化的渊源比较及启示》，《学术界》2008 年第 4 期。

黄诚：《民间组织何以可能？——以"青护园"介入特殊未成年人帮扶为例》，《社会学评论》2015 年第 1 期。

黄蓝、黄建荣：《合作治理视域下地方政府购买公共服务策略优化研究》，《学术论坛》2016 年第 5 期。

侯安琪：《慈善组织准入的法律规制——兼论慈善组织准入制度的价值取向》，《社会主义研究》2012 年第 5 期。

胡琦：《法治与自治：慈善组织参与建构社会治理"新常态"的实现路径》，《探索》2015 年第 5 期。

何华兵：《〈慈善法〉背景下慈善组织信息公开的立法现状及其问题研究》，《中国行政管理》2017 年第 1 期。

何平：《论我国社会组织从业人员职业资格认证制度的模式选择》，《社会工作》2012 年第 8 期。

和慧卿：《建设社会组织人才队伍的思考》，《中国社会组织》2013 年第 4 期。

韩兆柱、赵洁：《新冠肺炎疫情应对中慈善组织公信力缺失的网络化治理研究》，《学习论坛》2020 年第 10 期。

金家厚：《转型期的社会管理：我国非政府组织的发展定位与模式构

建》,《云南社会科学》2003 年第 5 期。

靳环宇:《慈善事业的管理方式及其转型》,《特区实践与理论》2013 年第 2 期。

康宗基、庄锡福:《试论我国社会组织的发展与公民意识的培育》,《科学社会主义》2011 年第 4 期。

刘春湘等:《社会组织参与社区公共服务的现实困境与策略选择》,《中州学刊》2011 年第 2 期。

刘文光:《我国公益慈善组织发展中存在的问题及其对策分析》,《行政与法》2009 年第 1 期。

李政辉:《论募捐的管制模式与选择——兼评"公募权"》,《法治研究》2013 年第 10 期。

吕鑫:《我国慈善募捐监督立法的反思与重构——全程监督机制的引入》,《浙江社会科学》2014 年第 2 期。

罗竖元:《培育慈善意识发展慈善事业——英国经验及其启示》,《行政论坛》2011 年第 1 期。

梁宇:《慈善组织在城市社区治理中的独特力量》,《人民论坛》2017 年第 21 期。

马德坤:《习近平关于社会治理的理论创新与实践探索》,《中国高校社会科学》2017 年第 3 期。

马运山:《组织参与慈善组织评估工作的几点启示》,《中国慈善组织》2019 年第 13 期。

潘乾:《传统慈善文化的教育实践逻辑》,《东北师大学报》(哲学社会科学版) 2018 年第 3 期。

秦安兰:《慈善组织公信力重建的路径选择》,《征信》2020 年第 2 期。

任彬彬、宋程成：《疫情应对中慈善组织公信力流失的形成机理及其对策——基于开放系统组织理论视角》，《湖北社会科学》2020 年第 7 期。

石国亮：《中国社会组织成长困境分析及启示——基于文化、资源与制度的视角》，《社会科学研究》2011 年第 5 期。

石国亮：《慈善组织公信力的影响因素分析》，《中国行政管理》2014 年第 5 期。

石国亮：《慈善组织公信力重塑过程中第三方评估机制研究》，《中国社会组织》2015 年第 10 期。

孙发锋：《我国慈善组织公信力的缺失与重塑》，《郑州大学学报》（哲学社会科学版）2015 年第 6 期。

孙莉莉、钟杨：《慈善组织参与社会治理的绩效评估：理论框架和评估模型》，《宁夏社会科学》2018 年第 5 期。

苏曦凌：《激发社会组织活力的政府角色调整——基于国际比较的视域》，《政治学研究》2016 年第 4 期。

宋道雷：《社会治理的"中间领域"：以社会组织为考察对象》，《社会科学》2020 年第 6 期。

宋雄伟：《社会组织参与城市社区治理的制度与行动策略》，《江苏社会科学》2019 年第 2 期。

施巍巍、杨风寿：《国外非营利组织参与社会管理的研究》，《商业研究》2008 年第 6 期。

舒伟等：《内部控制与慈善组织透明度——基于深圳壹基金公益基金会的案例分析》，《财会通讯》2016 年第 18 期。

田园：《浅论我国公益慈善学历教育发展现状》，《中国社会组织》2019

年第 20 期。

陶冶、陈斌：《美国慈善事业发展的历史、原因及启示》，《中国劳动关系学院学报》2016 年第 4 期。

王思斌：《积极治理视角下激发社会组织活力的制度创新分析》，《贵州师范大学学报》（社会科学版）2016 年第 1 期。

王俊秋：《论构建和谐社会中的慈善事业监督体系》，《社会科学家》2008 年第 5 期。

王名、刘求实：《中国非政府组织发展的制度分析》，《中国非营利评论》2007 年第 1 期。

王名、乐园：《中国民间组织参与公共服务购买的模式分析》，《中共浙江省委党校学报》2008 年第 4 期。

王名：《我国社会组织改革发展的前提和趋势》，《中国机构改革与管理》2014 年第 Z1 期。

徐家良、王昱晨：《中国慈善面向何处：双重嵌入合作与多维发展趋势》，《华南师范大学学报》（社会科学版）2019 年第 6 期。

汪华：《慈惠与商道：近代上海慈善组织兴起的原因探析》，《社会科学》2007 年第 10 期。

王帆宇：《慈善组织参与社会治理：现实困境与优化策略》，《湖北社会科学》2018 年第 5 期。

王晓静：《中国慈善事业落后原因剖析》，《理论学习》2006 年第 7 期。

王新明：《中国特色社会建设视域下的社会组织研究》，博士学位论文，中国石油大学，2014 年。

王向南：《中国非营利组织发展的制度设计研究》，博士学位论文，东北师范大学，2014 年。

汪大海、刘金发：《政府支出与慈善捐赠的挤出效应研究》，《中国市场》2012 年第 2 期。

王浩林：《支持慈善组织发展的财政制度研究》，博士学位论文，东北财经大学，2012 年。

王林：《论中国近代慈善组织公信力的评价标准》，《中国高校社会科学》2021 年第 5 期。

王福涛、陈博：《以第三方绩效评价提升慈善资金公信力》，《中国行政管理》2020 年第 11 期。

王杨、邓国胜：《社会资本视角下青年慈善组织培育的逻辑》，《中国青年研究》2015 年第 7 期。

王锐：《慈善捐赠的财税激励政策缺陷探究——兼论慈善组织面临的"四大困局"》，《审计与经济研究》2009 年第 3 期。

武菊芳、李骞：《我国慈善组织现状解析与健康发展长效机制构建》，《河北师范大学学报》（哲学社会科学版）2014 年第 5 期。

魏崇辉：《当代中国地方治理中的协商民主、政府责任与公共精神》，《思想战线》2016 年第 2 期。

谢维营、张志荣：《我国民间慈善事业的历史、现状及其发展对策》，《山西师大学报》2007 年第 6 期。

谢琼：《中国网络慈善的创新价值与未来发展趋势》，《社会保障评论》2022 年第 3 期。

徐永祥、潘旦：《国际视角中第三方参与慈善组织评估的机制研究》，《江西社会科学》2014 年第 8 期。

夏国永：《国外政府与社会组织合作治理的经验借鉴与启示》，《经济研究导刊》2012 年第 6 期。

谢志岿、曹景钧：《低制度化治理与非正式制度——对国家治理体系与能力现代化一个难题的考察》，《国外社会科学》2014 年第 5 期。

向静林：《结构分化：当代中国社区治理中的慈善组织》，《浙江社会科学》2018 年第 7 期。

姚建平：《中美慈善组织政府管理比较研究》，《理论与现代化》2006 年第 2 期。

杨肖宁：《我国慈善事业制度的法律研究》，《南京工程学院学报》（社会科学版）2012 年第 12 期。

颜克高、井荣娟：《制度环境对社会捐赠水平的影响——基于 2001—2013 年省际数据研究》，《南开经济研究》2016 年第 6 期。

杨龙军：《美国非营利组织的税收制度及其借鉴》，《涉外税务》2004 年第 11 期。

杨丽、赵小平：《社会组织参与社会治理：理论、问题与政策选择》，《北京师范大学学报》（社会科学版）2016 年第 6 期。

叶汝贤、黎玉琴：《公民社会、公民精神和集体行动》，《马克思主义与现实》2006 年第 3 期。

叶珍珍、孙春苗：《美国高校慈善教育的前沿发展及对中国的现实借鉴——基于对美国 4 所高校的实地参访》，《中国社会组织》2019 年第 24 期。

杨伟伟、谢菊：《互联网视角下慈善组织公信力危机影响因素分析》，《山东社会科学》2021 年第 10 期。

杨思斌、李佩瑶：《慈善组织的概念界定、制度创新与实施前瞻》，《河北大学学报》（哲学社会科学版）2016 年第 5 期。

郑功成：《中国慈善事业的发展与需要努力的方向——背景、意识、法制、机制》，《学海》2007 年第 3 期。

郑功成：《中国慈善事业发展：成效、问题与制度完善》，《中共中央党校（国家行政学院学报）》2020 年第 6 期。

郑功成：《中国慈善事业的发展方向》，《社会治理》2020 年第 10 期。

张英、陈洁茹：《论政府在慈善文化建设中的主导作用》，《社团管理研究》2012 年第 11 期。

张杰：《我国社会组织发展制度环境析论》，《广东社会科学》2014 年第 2 期。

赵杏梓、高小枚：《论慈善事业发展的社会基础》，《贵阳学院学报》（社会科学版）2014 年第 1 期。

张豪、张向前：《日本非营利组织监管机制创新及启示》，《国外社会科学》2016 年第 2 期。

周旭亮：《非营利组织"第三次分配"的财税激励制度研究》，博士学位论文，山东大学，2010 年。

赵俊男：《中国慈善事业治理研究》，博士学位论文，吉林大学，2013 年。

郑子青：《从新冠肺炎疫情应对看慈善参与短板和未来发展》，《社会保障评论》2020 年第 2 期。

张祖平：《中国慈善组织资金筹集问题研究》，《社团管理研究》2011 年第 1 期。

张伟珍：《从慈善组织公信力维度论中国慈善事业的发展》，《贵州工业大学学报》（社会科学版）2007 年第 2 期。

周中之：《当代中国慈善事业的伦理追问》，《马克思主义与现实》2015 年第 6 期。

周中之：《共同富裕的慈善伦理支持》，《求索》2022 年第 1 期。

周秋光：《中国慈善发展的历史与现实》，《史学月刊》2013 年第 3 期。

周秋光、王猛：《当代中国慈善发展转型中的抉择》，《上海财经大学学报》2015 年第 1 期。

张奇林、李君辉：《中国慈善组织的发展环境及其与政府的关系：回顾与展望》，《社会保障研究》2011 年第 6 期。

张婷、李立国：《建议"兑现捐赠承诺"入慈善法》，《中国社会组织》2015 年第 6 期。

张开云：《社会组织发挥作用需要转观念、创空间、增能力》，《大社会》2017 年第 11 期。

张鹏等：《破解慈善公信力困境：可追溯系统原理运用的理论与实证》，《社会科学研究》2016 年第 3 期。

赵海林：《行政化到多元化：慈善组织运作研究》，博士学位论文，南京大学，2012 年。

张绍华：《社会组织社会工作人才队伍建设研究》，《中国社会组织》2012 年第 7 期。

郑琦、乔昆：《完善社会组织从业人员的激励机制》，《中国社会组织》2011 年第 12 期。

郑晓齐、宋忠伟：《我国慈善组织参与社会救助论析》，《吉林大学社会科学学报》2019 年第 4 期。

三　中译著作

[美] 奥利维尔·陪茨：《美国慈善史》，杨敏译，上海财经大学出版社 2016 年版。

［英］安东尼·吉登斯：《社会学》，李康译，北京大学出版社 2003
年版。

［美］贝奇·布查特·阿德勒：《通行规则：美国慈善法指南》，NPO
信息咨询中心主译，中国社会科学出版社 2007 年版。

［美］詹姆斯·P. 盖拉特：《非营利组织管理》，张誉腾等译，中国人
民大学出版社 2013 年版。

［美］乔尔·L. 弗雷施曼：《基金会：美国的秘密》，北京师范大学社
会发展与公共政策学院社会公益研究中心译，上海财经大学出版社
2013 年版。

［德］路德维希·艾哈德：《来自竞争的繁荣》，祝世康、穆家骥译，
商务印书馆 1983 年版。

［美］道格拉斯·C. 诺思：《经济史中的结构与变迁》，陈郁、罗华平
译，上海人民出版社 1994 年版。

［美］道格拉斯·C. 诺思：《制度、制度变迁与经济绩效》，杭行译，
格致出版社、上海三联书店、上海人民出版社 2014 年版。

［英］亚当·斯密：《国民财富的性质和原因的研究》，郭大力、王亚
男译，商务印书馆 1972 年版。

［英］艾德里安·弗恩海姆、迈克尔·阿盖尔：《金钱心理学》，李丙
太等译，新华出版社 2001 年版。

［美］弗朗西斯·福山：《信任：社会美德与创造经济繁荣》，彭志华
译，海南出版社 2001 年版。

［美］莱斯特·萨拉蒙：《全球公民社会：非营利部门视界》，贾西津、
魏玉译，社会科学文献出版社 2002 年版。

［德］马克斯·韦伯：《新教伦理与资本主义精神》，简惠美、康乐译，

广西师范大学出版社 2010 年版。

[美] 莱斯特·M. 萨拉蒙等：《全球公民社会：非营利部门国际指数》，陈一梅译，北京大学出版社 2007 年版。

[美] 加里·S. 贝克尔：《人类行为的经济分析》，王业宇、陈琪译，上海三联书店 1995 年版。

[美] W. 理查德·斯科特：《制度与组织：思想观念与物质利益》，姚伟、王黎芳译，中国人民大学出版社 2010 年版。

四 外文著作和论文

Astrid Pennerstorfer, Michaela Neumayr, "Examining the Association of Welfare State Expenditure, Non – profit Regimes and Charitable Giving", *VOLUNTAS：International Journal of Voluntary and Nonprofit Organizations*, Vol. 28, No. 2, 2017.

Beth Gazley, Yuan (Daniel) Cheng, "Chantalle Lafontant：Charitable Support for U. S. National and State Parks Through the Lens of Coproduction and Government Failure Theories", *Nonprofit Policy Forum*, Vol. 9, No. 4, 2018.

Bekkers R. , Wiepking P. , "Generosity and philanthropy", *A Literature Review*, Vol. 1, 2007.

Ciaran Connolly, Noel Hyndman, "Charity Accountability in the UK：Through the Eyes of the Donor", *Qualitative Research in Accounting and Management*, Vol. 10, No. 6, 2013.

Clifford S, Russell ed. , *Collective Decision Making：Applications from Rational Choice Theory*, Baltimore：John Hopins University Press, 1979.

C. Julia Huang, *Chrisma and Compassion*: *Cheng Yen and the Buddhist Tzh Chi Movment*, Boston: Harvard University Press, 2009.

Christian Topalov, "Power and Charity in New York City during the Progressive Era: A Network Analysis", *Management Science*, Vol. 50, No. 3, 2019.

Ditkoff Susan Wolf, Susan J. Colby, "Galvanizing Philanthropy", *Harvard Business Review*, No. 11, 2009.

David Clifford, "Neighborhood Context and Enduring Differences in the Density of Charitable Organizations: Reinforcing Dynamics of Foundation and Dissolution", *Amerrican Journal of Sociology*, Vol. 123, No. 6, 2018.

Dodgson M. , Gann D. , *Philanthropy Innovation and Entrepreneurship*: *An Introduction*, Basingstoke: Palgrave Macmillan, 2020.

Deng, G. , "Trends in Overseas Philanthropy by Chinese Foundations", *Voluntas*: *International Journal of Voluntary and Nonprof it Organizations*, No. 4, 2019.

Ditkoff S. , Colby S. , "Galvanizing philanthropy", *Harvard Business Review*, Vol. 87, No. 11, 2009.

Ebrahim Alnoor, "Marking Sense of Accountability: Conceptual Perspectives forNorthern and Southern Nonprofits", *Nonprofit Management and Leadership*, Vol. 14, No. 2, 2003.

Gjolberg M. , "The Origin of Corporate Social Responsibility: Global Forces or National Legacies", *Socio Economic Review*, No. 4, 2009.

Geoffrey M. , Kistruck, Israr Qureshi, Paul W. Beamish, "Geographic and Product Diversification in Charitable Organizations", *Journal of Manage-*

ment, Vol. 39, No. 2, 2013.

Gandia J. L. , "Internet Disclosure by Nonprofit Organizations: Empirical Evidence of Nongovernmental Organizations for Development in Spain", *Nonprofit and Voluntary Sector Quarterly*, No. 40, 2011.

H. K. WONG, "The Foundations for Charitable Organization and Giving", *Taylor & Francis Grou*p, No. 4, 2012.

W. Richard Scott, *Institutions and Organizations: Ideas, Interests, and Identities*, Los Angeles: Sage, 2014.

Ibrahim S. , Alhidari, Tania M. , "Veludo – de – Oliveira, Shumaila Y. Yousafzai, Mirella Yani – de – Soriano, Modeling the Effect of Multidimensional Trust on Individual Monetary Donations to Charitable Organizations", *Nonprofit and Voluntary Sector Quarterly*, Vol. 47, No. 3, 2018.

John, Elisabetta, "Contracting Out Public Service Provision to Not – For – Profit Firms", *Oxford Economic Papers*, No. 10, 2010.

Judith R Saidel, "Resource Interdependence: the Relationship between State Agencies and Nonporfit Organizations", *Public Administration Review*, No. 51, 1991.

Jackson G. , Apostolakou, "A Corporate Social Responsibility in Western European Institutional Mirror or Substitute", *Journal of Business Ethies*, No. 3, 2009.

Juan L and Gandía, "Internet Disclosure by Nonprofit Organizations: Empirical Evidence of Nongovernmental Organizations for Development in Spain", *Nonprofit and Voluntary Sector Quarterly*, Vol. 40, No. 1, 2011 (2).

Lester M. Salamon, Helmut K. Anheier, *The Emerging Nonprofit Sector*: *An Overview*, Manchester: Manchester University Press, 1996.

Lester M. Salamon, *The Tools of Government*, New York: Oxford University Press, 2002.

Mohammad Mohabbat Khan, "Accountability of NPO in Bangladesh: A Critical Overview", *Public Management Revieue*, No. 5, 2003.

McCombs M. , *Setting the Agenda*: *Mass Media and Public Opinion*, New York: John Wiley & Sones, 2018.

Matthew Gorczyca, Rosanne L. Hartman, "The New Face of Philanthropy: The Role of Intrinsic Motivation in Millennials' Attitudes and Intent to Donate to Charitable Organizations", *Journal of Nonprofit & Public Sector Marketing*, No. 9, 2017.

Na Ni, Qiu Chen, Shujun Ding, Zhen Yu Wu, "Professionalization and Cost Efficiency of Fundraising in Charitable Organizations: The Case of Charitable Foundations in China", *VOLUNTAS*: *International Journal of Voluntary and Nonprofit Organizations*, Vol. 28, No. 2, 2017.

Najam A. , "NPO Accountability: A Conceptual Framework", *Developoment Policy Review*, No. 14, 1996.

Nicolas J. Duquette, "Do Tax Incentives Affect Charitable Contributions? Evidence from Public Charities' Reported Revenues", *Journal of Public Economics*, Vol. 137, 2016.

Porter Michael E. , Mark R. Kramer, "Strategy and Society: The Link between Competitive Advantage and Corporate Social Responsibility", *Harvard Business Review*, No. 12, 2006.

Russell Glennon, Claire Hannibal, Joanne Meehan, "The Impact of a Changing Financial Climate on a UK Local Charitable Sector: Voices from the Front Line", *Public Money & Management*, No. 4, 2017.

Susan D., Phillips, "Putting Humpty Together Again: How Reputation Regulation Fails the Charitable Sector", *Nonprofit Policy Forum*, Vol. 10, No. 4, 2019.

Susan Rose – Ackerman, "Ideals Versus Dollars: Donors, Charity Managers and Government Grants", *The Journal of Political Economy*, No. 4, 1987.

Sargeant Adrian, Stephen Lee, "Improving Public Trust in the Voluntary Sector: An Empirical Analysis", *International Journal of Nonprofit and Voluntary Sector Marketing*, Vol. 7, No. 1, 2002.

Tatiana S., "Institutional Environments for Entrepreneurship: Evidence from Emerging Economies in Eastern Europe", *Entrepreneurship Theory and Practice*, Vol. 32, No. 1, 2008.

William T. Ganley, "Poverty and Charity: Early Analytical Conflicts between Institutional Economics and Neoclassicism", *Journal of Economic Issues*, No. 2, 1998.

Ware, Alan, *Between Profit and State: Intermediate Organizations in Britain and the United States*, London: London Polity Press, 1989.

W. Peng, Sunny Li Sun, Brian Pinkham, Hao Chen, "The Institution – Based View as a Third Leg for a Strategy Tripod", *Academy of Management Perspectives*, Vol. 23, No. 3, 2009.

附录一 "慈善组织发展的制度环境"调查问卷

尊敬的先生/女士：

您好！为了解当前我国慈善组织的发展现状以及慈善组织制度所处的环境状况，以便更好地促进慈善组织的进一步发展，我们组织了这次问卷调查。采用简单随机抽样的方式抽取了您作为这次问卷调查的对象，非常感谢您在百忙之中参与此次问卷调查，问卷采用无记名的形式，请您根据实际情况如实填写，对您的回答我们将按照《中华人民共和国统计法》的规定，严格保密，请您放心作答。

调查地点：_____省_____市（由调查员填写）

填写说明：所有选择题无标注说明的均为单项选择题。

A. 慈善组织基本情况

A1 您所在的组织的名称_____

A2 您所在组织成立于_____年。

A3 目前您所在组织的资产_____

①30 万元以下　　　　　②30 万—100 万元

③100 万—500 万元　　　④500 万元以上

A4 成立以来您所在组织平均每年能从政府购买公共服务项目中获得服务经费_____万元。

A5 您所在组织近三年收支状况是_____

①盈余很大　　　　　　②略有盈余

③基本持平　　　　　　④亏损

A6 除了从政府获得服务经费外，您所在的组织资金来源渠道还有？（可多选）

①自筹资金　　　　　　②社会捐助

③收取服务费　　　　　④其他_____

A7 目前您所在组织共有员工_____人；其中全职人员_____人，兼职人员_____人；在全职人员中，大学及以上学历者_____人，有专业技术职称的_____人（其中副高级职称及以上_____人）。

A8 您所在组织的全职人员每月薪酬是_____

①2000 元以下　　　　　②2000—3500 元

③3501—5000 元　　　　④5000 元以上

A9 您所在组织全职人员购买 "五险一金" 的情况是_____

①购买了　　　　　②购买部分　　　③未购买

A10 您所在组织工作人员职业技术培训机情况为_____

①有　　　　　　　　　②没有

若提供，平均每年____次

A11 您所在组织工作人员的离职状况是_____

①频繁 　　　　　　②偶尔有 　　　　③没有

A12 您所在组织工作人员离职的原因主要是_____

①工资福利太低 　　　　②职业发展空间有限

③职业声望偏低 　　　　④没有正式编制工作无保障

⑤其他_____

A13 您所在组织工作人员是否有畅通的晋升渠道_____

①没有 　　　　　　②有，但晋升制度的激励性不强

③有，且晋升制度完善，晋升渠道畅通

A14 您认为影响慈善组织人才队伍壮大的最根本原因是_____

①薪酬制度 　　　　　②晋升制度

③人事编制制度 　　　④职业声望

⑤其他_____

A15 当前，您所在的慈善组织从以下哪些制度受益？（可多选）

①登记注册制度 　　　②孵化培育制度

③项目支持制度 　　　④财税支持制度

⑤人才培育制度

⑥监督制度（如信息公开制度、评估制度、淘汰制度、行业自律制度等）

⑦其他_____（请填写）

A16 请对您所在慈善组织的发展状况进行总体评价

①好 　　　　　　　②一般 　　　　③差

B. 制度环境状况

B1 您认为_____制度环境对慈善组织发展影响较大

①正式制度环境　　　②非正式制度环境

③说不清

B2 请对以下有关制度环境的判断给出您的评价并在相应的选项下打"√"。

制度环境判断	很不赞同	不赞同	一般	赞同	非常赞同
B21 近几年来,慈善组织生存与发展的制度环境逐渐优化					
B22 党和国家对慈善组织的发展高度重视					
B23 党和国家支持慈善组织的发展					
B24 社会主流价值观支持慈善组织发展					
B25 国家关于慈善组织的立法完善					
B26 政府接纳慈善组织参与相关决策					
B27 各级民政部门对慈善组织的监管职责和权限明晰					
B28 慈善组织经常需要应对法律法规的变化					
B29 慈善组织的准入制度合理					
B210 申报社慈善组织的审批手续简便					
B211 行业协会商会类、科技类、公益类、城乡社区服务类等四类社会组织直接登记政策的出台促进了这四类社会组织的发展					
B212 当地政府对慈善组织的中长期发展有规划					
B213 当地政府孵化培育慈善组织的体制机制完善					
B214 当地政府支持慈善组织的金融、货币政策完善					

制度环境判断	很不赞同	不赞同	一般	赞同	非常赞同
B215 双重管理体制限制了慈善组织的发展					
B216 慈善组织税收制度滞后于现实需要					
B217 现行减免税待遇有助于激励企业和公众捐赠					
B218 政府的公共政策和公共服务项目支持慈善组织的发展					
B219 政府购买社会组织的服务大大推动了当地慈善组织的发展					
B220 政府公共服务项目招标公平公正					
B221 慈善组织的年检制度合理					
B222 当地第三方评估机构机制完善					
B223 政府对慈善组织的年检等监管行为不存在腐败现象					
B224 关于社会组织信息公开的规定有助于提高慈善组织透明度					
B225 对慈善组织违规行为的惩处机制顺畅					
B226 当地的社会人文环境有利于慈善组织发展					
B227 慈善组织可以预期政府会有效执行相关法律法规政策					
B228 当地政府相关部门存在不作为或错误执行法律法规政策(如腐败、厚此薄彼)的现象					
B229 与慈善组织相关的政府各部门职责清晰、协作良好、效率高					

制度环境判断	很不赞同	不赞同	一般	赞同	非常赞同
B230 慈善组织很少受政府腐败、政府不作为的影响					
B231 您所在的地区慈善组织有良好的人才培育制度（评优、晋职、流动等）环境					

C. 慈善组织发展状况

C1 目前慈善组织整体发展状况_____

①非常好　　　　②比较好　　　　③一般

④不好　　　　⑤很不好

C2 您认为当前民众对慈善组织的活动主要持_____态度

①支持，但参与较少　②支持，且愿意参与

③无所谓　　　　④不理解，反对

C3 您认为当前慈善组织在参与政府政策制定与执行的能力与程度方面表现_____

①非常好　　　　②比较好　　　　③一般

④不好　　　　⑤很不好

C4 近三年您所在组织与政府的合作形式有哪些?【可多选】

①政府出资购买组织服务

②政府为组织项目和活动提供资金

③政府提供场地、人力、技术等方面支持

④政府提供政策便利，如注册、免税等

⑤联合实施项目或举办活动

⑥其他【请说明】_____

C5 您的组织向政府提出的政策建议_____

①基本上都采纳　　　　②部分被采纳

③基本上不被采纳　　　④没有提出过政策建议

C6 2016 年度，您所在组织工作人员的流失率情况为_____

①10%以下　　　　②10%—20%　　　③21%—30%

④31%—40%　　　⑤40%以上

C7 近三年您所在组织的收入情况是_____

①持续增长　　　　②持续减少

③略有波动，变化不大　④其他【请说明】_____

C8 您所在组织 2016 年度总收入_____元

　　其中：①政府拨款_____元

②企业赞助_____元

③政府购买服务_____元

④服务性收入_____元

⑤会费收入_____元

⑥社会捐赠_____元

⑦经营收入_____元

⑧投资性收入_____元

⑨其他【请说明】_____元

C9 您所在组织 2016 年度承接各类项目共_____个，项目收入共计_____万元。

C10 您所在的组织 2016 年度参与公共服务共_____次，参与公共服务的人数总计达_____人次。

C11 在参与的各类公共服务活动中您所在组织一般是 ＿＿＿＿＿＿

①活动的组织者 ②活动的合作参与者

③其他【请说明】 ＿＿＿＿＿＿＿＿

C12 请对您所在慈善组织的以下方面予以评价（1—5 分，分值越高、评价越高），并在相应的选项下打 "√"。

慈善组织相关情况	1	2	3	4	5
C121 慈善组织的合法性地位					
C122 慈善组织的使命感					
C123 慈善组织的公信力					
C124 慈善组织的诚信度					
C125 慈善组织的服务能力					
C126 慈善组织工作人员的职业道德					

C13 以下有关慈善组织的评价，您是否赞同？请在相应的选项下打 "√"。

慈善组织评价	很不赞同	不赞同	一般	赞同	非常赞同
C131 慈善组织在社会发展中的作用越来越大					
C132 慈善组织与政府、企业的合作越来越多					
C133 慈善组织得到了更多人的信任和理解					
C134 慈善组织会被越来越多的人所接受					

D. 制度期望

D1 要激发慈善组织活力，您认为目前最需要健全和完善的制度是？（最多选出三项，并按重要程度进行排序）_____ _____ _____

①登记注册制度   ②备案制度   ③孵化培育制度

④项目支持制度   ⑤财税支持制度   ⑥人才培育制度

⑦监督制度（如信息公开制度、评估制度、淘汰制度、行业自律制度等）

⑧其他【请说明】_____

D2 就制度执行落实而言，要激发慈善组织活力，目前最需要健全和完善的是_____

①确保政府部门上下级政策执行的及时性、有效性、灵活性

②提高政府各部门之间的配合效率

③增强政府各部门之间制度执行的衔接性

④其他【请说明】_____

D3 在您看来，要从制度层面确保社会组织工作者的职业地位，目前最需要做的是_____

①制定岗位职业资格标准

②根据岗位类别的不同确定差异性的岗位薪酬

③制定职级晋升制度

④建立人事关系由民政部门统一管理制度

⑤其他【请说明】_____

D4 您认为，政府与社会组织的关系应该是：_____

①管理者与被管理者的关系

②合作伙伴关系（购买者与提供者的关系）

③其他【请说明】_____

D5 您认为，当前最需要完善的政府购买公共服务制度是？（最多选出三项，并按重要程度进行排序）_____ _____ _____

①解决购买方式问题 ②解决服务项目的申请标准问题

③解决服务价格问题 ④解决经费拨付问题

⑤将政府购买服务的内容纳入全国和地方经济社会发展规划

⑥将购买服务的资金纳入常规财政预算，以保证购买服务资金的长期稳定

⑦其他【请说明】_____

D6 您认为，政府购买公共服务项目的方式应该是_____

①购买项目 ②购买岗位

③其他【请说明】_____

D7 您认为，要科学确定公共服务项目，就必须做到_____

①政府单方面提出项目 ②政府向公益类社会组织征集项目

③政府向社区征集项目 ④政府向公众征集项目

⑤其他【请说明】_____

D8 您认为，要保证公共服务项目服务价格的合理性，就必须做到：_____

① 由政府单方面确定

② 由社会组织单方面确定

③ 由政府和社会组织协商确定

④其他【请说明】_____

D9 您认为，政府应该如何完善公共服务项目的经费拨付制度？

①社会组织先提供服务，服务完成并且经评估合格后，再拨付全

部经费

②项目立项后，将经费一次性拨付给社会组织

③项目立项后，先拨付一定比例的经费；服务完成，并且经评估合格后，再拨付剩余的经费

④其他【请说明】_____

D10 您认为慈善组织较好的管理体制是_____

①登记管理部门和业务主管单位共同管理

②登记管理部门管理，取消业务主管单位

③登记管理部门和税务部门共同管理

④其他【请说明】_____

D11 您认为税收政策应当从哪些地方改进？【可多选】

①扩大税收减免范围　　②提高税收减免比例

③提高企业享受免税待遇应纳税所得额的比例

④其他【请说明】_____

D12 您认为目前慈善组织获得税收优惠待遇的困难有哪些？【可多选】

①政府没有形成统一、完善的非营利组织税收优惠法律体系

②有关税收优惠政策的信息公开情况不足

③审定条件不清晰，程序不规范

④政府财政、税收、民政部门间协调性不足，随意性很大

⑤企业超过限额的公益性捐赠不能向后或向前结转扣除

⑥其他【请说明】_____

D13 您希望政府与社会组织关系是怎样的？

①政府干预组织内部事务

②政府在监管组织的同时给予组织一定的自主权

③组织独立自主，不受政府干预，但是接受其监管

④组织独立自主，不受政府干预，也不接受其监管

⑤其他【请说明】_____

D14 您认为当前政府对慈善组织的监管_____

①整体上是好的　　　　②重登记轻监管

③重结果监管轻过程监管

④其他【请说明】_____

D15 您对第三方评估机构的看法是_____

①推动公益评估客观公正、公开透明

②政府的工具，难以保证独立性

③难以获得所需数据资料，评估工作不够准确客观

④不了解第三方评估机构

⑤其他【请说明】_____

D16 您认为慈善组织在目前的发展过程中以下哪些方面亟待加强
（最多选出三项，并按重要程度进行排序）_____　_____　_____

①宽松的政策法律环境

②慈善组织活动资金的增加

③优秀人才的引进

④扩大慈善组织的独立性

⑤大力的宣传活动

⑥慈善组织活动范围的扩大

⑦社会治理结构或组织结构的完善

⑧社会各界对慈善组织的正确认识

D17 您认为目前慈善组织在发展方面存在的主要障碍是（最多选出三项，并按重要程度进行排序）_____ _____ _____

①缺乏专业人才　　②有关职能部门授权不足

③知识和技术不足　　④缺乏法律或相关政策的保障

⑤缺乏社会支持，企业不配合

⑥组织缺乏活动资金　　⑦活动领域有限

⑧其他【请说明】_____

附录二　慈善组织负责人访谈提纲

1. 谈谈您从事该行业的工作经历。

2. 介绍一下您负责的慈善组织的基本情况、发展历程以及当前的发展状况。

3. 在工作中，您面临的主要困难有哪些？

4. 谈谈您对当前有关慈善组织的正式制度（包括准入制度、监管制度、财税制度和人才培育制度）的看法。

5. 在您看来，影响公益类社会组织人才队伍壮大的根本原因是什么？

6. 您认为当前慈善组织面临的人文环境如何？

7. 目前您所在地政府对慈善组织采取了哪些扶持措施？谈谈您的评价。

8. 请您谈谈对慈善组织未来发展的看法。

9. 您对优化慈善组织发展制度环境建设有什么建议？

后　记

　　本书是在国家社科基金青年项目"我国慈善组织发展的制度环境研究"（15CSH061）的研究成果基础上修改而成的，是国家社科基金重大项目"深化拓展新时代文明实践中心建设方法与路径研究"（21ZDA077）和湖南省哲学社会科学基金项目"慈善组织公信力的社会机制及其优化研究"（22YBA088）的阶段性成果，并获得长沙理工大学学术著作出版资助和长沙理工大学马克思主义学院学术著作出版资助。

　　慈善事业是我国社会保障制度的重要组成部分，是实现新时代共同富裕的有力推手。作为现代慈善事业的重要主体，慈善组织是促进慈善事业健康发展的主体保证。这就意味着，要促进慈善事业的健康发展，就必须促进新时代慈善组织的大力发展，充分激发慈善组织活力。随着2016年《慈善法》的颁布实施，我国慈善组织发展的制度建设取得了重大进展，慈善组织的活力也大大增强。但总体来看，慈善事业发展依然处于滞后的局面。要从根本上改变慈善组织发展不足的现状，必须进一步加强制度建设。本书在实证调查研究的基础上，探讨了正式制度与非正式制度对慈善组织发展的影响，力图为慈善组织的制度建设提供一些建议性的方案，并对慈善组织发展的社会机制进行了初步探索。这些研究可能在慈善组织制度环境的表现形式、具体内容及形成特性方面引起社会的争鸣，特别是针对不同区域慈善组织与制度环境关系的探讨，可能会引发慈善研究学者做出更深入的研究。但是本书依然存在一些研究局限和不足。首先，对慈善组织的定性、特点及发展历程阐述不够。其次，本书主要探讨了正式制度与非正式制度对慈善组织发展的影响，并未深入探讨正式制度与非正式制度对慈善组织发展影响的机制。最后，对网络慈善、社区慈善、慈善信托等方面的慈善制度建设未进行详细探讨。因此，这些应该是未来尚需深入研究的问题。

本书在写作过程中参考和吸收了国内外同行的一些研究成果。在此，深表谢意！

作　者

2023 年 9 月 1 日